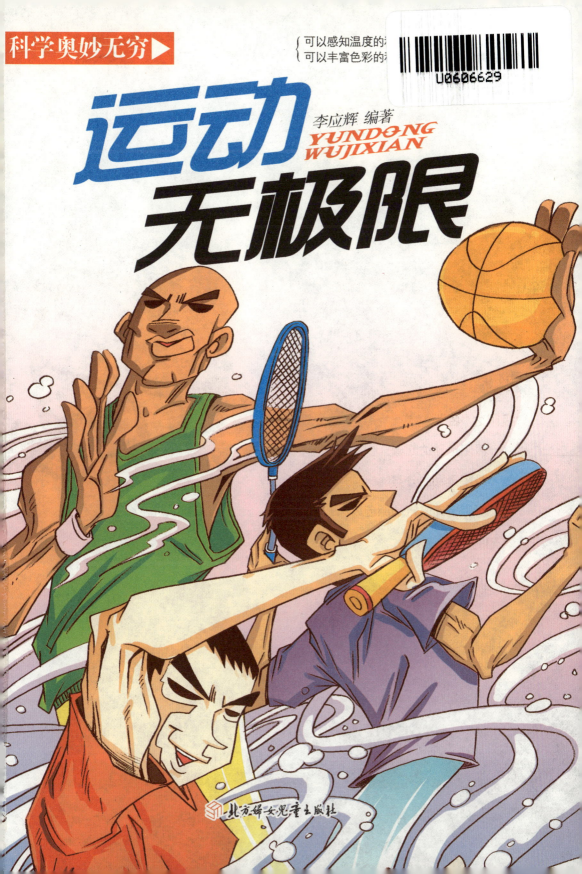

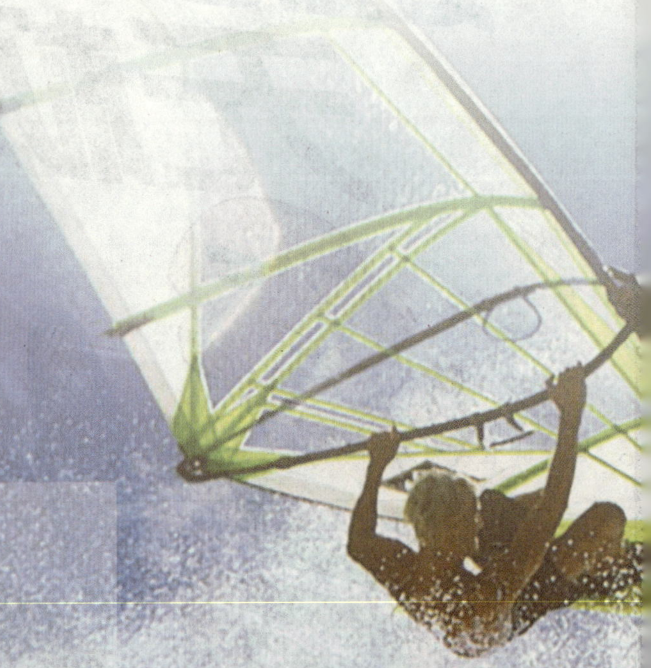

目 录

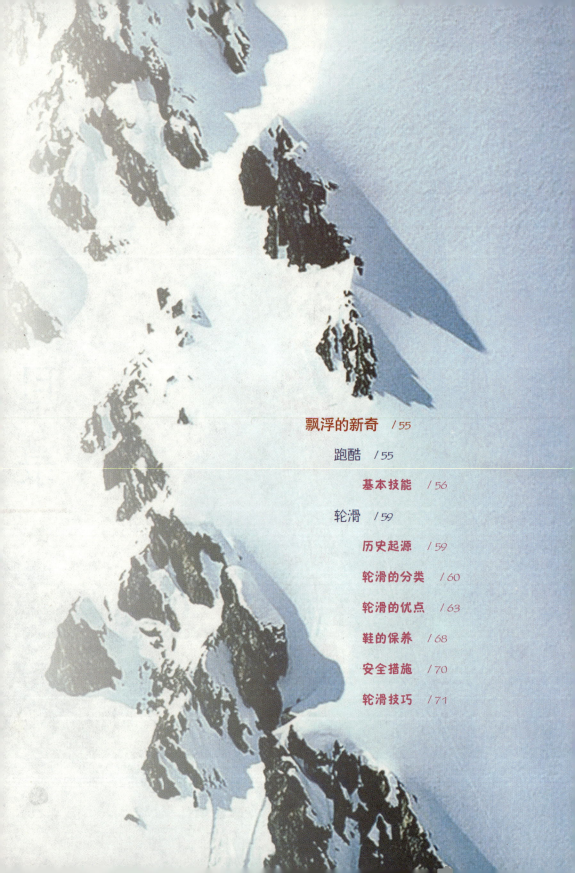

目录

快节奏的时代下，极限运动成为人们的新宠，人们逐步离开传统的体育场馆，走向荒野，纵情于山水之间，向大自然寻求人类生存的本质意义。只身户外，以冒险形式所展现的极限运动成了人们超越自我、挑战极限的空间：水上摩托和冲浪运动，让您充分体验在蓝天碧水间风驰电掣、搏击海浪的潇洒；白浪蛮牛、激流皮划艇和白水漂流让您在万流奔腾中历经一泻千里、惊涛骇浪的激越；蹦极跳、攀岩运动又使您感受到了"跃向重力、瞬间直下"的惊险；山地自然这个博大精深、美丽而凶险的演练场里，我们抛弃了现代文明带来的舒适与慵懒，拥有了与自然共存的能力，充分体会到一种回归人的本性与初衷、检验人的智慧与力量的乐趣。

● 极限之"名"

极限运动是由多项成形运动项目以及游戏、生活和工作中的各种动作演变而来，参与人群以年轻人为主的高难度的观赏性体育运动。是一种人类在与自然的融合过程中，借助于现代高科技手段，最大限度地发挥自我身心潜能，向自身挑战的娱乐体育运动。它除了追求竞技体育超越自我生理极限"更高、更快、更强"的精神外，更强调参与、娱乐和勇敢精神，追求在跨越心理障碍时所获得的愉悦感和成就感，同时，它还体现了人类返璞归真、回归自然、保护环境的美好愿望，因此已被世界各国誉为"未来体育运动"。

极限运动本身也有广义和狭义之分。一些挑战性高的非奥运、非世界运动会项目广义上都可以叫作极限运动，比如蹦极、攀岩、悬崖跳水等等。但是狭义的极限运动单指各个大型极限运动会中包含的成形的项目，比如极限摩托车、极限轮滑等等。由于这些极限运动经过长时间的系统发展已经小有规模、组织严密、规则完善，因此很多项目正逐渐被大型综合性运动会吸收，比如小轮车竞速已经成为奥运会比赛项目。

　　这些极限项目的出身简单来说就是两种：一种是由一项成形运动演变来的，比如极限滑雪是从普通的滑雪演变来的等等；而另外一些是从游戏、生活和工作中演变来的，比如滑板、攀岩等等。国际上的极限大赛有很多，但知名度最高的就是每年夏季和冬季各举行一次的EXPN极限大赛，每年的参赛项目都有一些小的改变，一些形成组织并有完善规则的新兴项目不断被吸纳，而一些开展已经非常广泛、群众基础雄厚的项目则被请出，比如直排轮滑已经不是EXPN的项目。

极限运动的分类 ⟩

极限运动的项目许多都是近几十年刚诞生的、方兴未艾的体育项目，根据季节可分为夏季和冬季两大类，运动领域涉及"海、陆、空"多维空间。

夏季极限运动主要比赛和表演项目有：小轮车、滑板、难度攀岩、速度攀岩、空中滑板、高山滑翔、滑水、激流皮划艇、摩托艇、冲浪、水上摩托、蹦极跳及轮滑的U台跳跃赛和街区障碍赛、100米和200米等运动项目。由于极限运动有其"融入自然（自然、环境、生态、健康）、挑战自我（积极、勇敢、愉悦、刺激）"的"天人合一"的特性，使得极限运动在欧美各国的风靡程度简直可以用疯狂、魔力来形容。以滑水和滑板为例，仅在美国，滑水爱好者就有110万之众，职业滑水队、表演队星罗棋布，已经成为许多城市重要的都市文化"大餐"；而滑板运动的发烧友更是多达450万之众。由于滑板运动太过惊险、刺激，在20世纪60年代，滑板运动曾受到有关国家政府严令禁止，一度沦为"地下项目"，一直到80年代中期，滑板项目才重见天日，使这项"都市魔幻"卷土重来，其声势之大、影响之广，以至于成为许多精明厂商眼中的"印钞机"。滑板天皇巨星托尼·霍克和安迪·麦克唐纳在许多年轻人眼中无疑是和乔丹（篮球）、皮特·桑普拉斯（网球）一样的超级偶像。

11

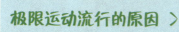

极限运动流行的原因 〉

一些社会学家的调查、研究极限运动的结果显示：站在世纪之交竞争日益残酷的门槛前，面临着信息爆炸的知识经济时代，现代人的生活节奏变得越来越快，工作压力越来越大，生活空间越来越小……现实的环境使得现代人应接不暇，持续的、不断增多的刺激，使人的感觉域限也不断提高。原来的感觉不强烈了，已不能适应人类的追求了。

从20世纪70年代的交谊舞，80年代的迪斯科，到90年代的保龄球、桑拿浴，都已经不能满足人们日益增长的感觉需求水平。一方面，人们更加需要寻求刺激、发泄压力、释放能量，另一方面，对于一般性的刺激、享受，人们习以为常、不足为奇。这时，人们便开始追求更为强烈的刺激，从而获得所需要的感觉和唤醒。而极限运动的兴起，正好满足了人类的这一需求。人类在自然的怀抱中创造了文明，文明却正在使人类远离自然。也许是人类在远离自然的文明世界生活得太久了，在都市文明所带来的便捷中逐渐陷入身心的慵懒之后，便开始渴望回归自然。

按捺不住心情的都市新潮一族，首选渴望冲出都市文明的封锁，去和自然对话，还原人类作为大自然中一员的本色，表现人类最本质的能力。极限运动的兴起，正好满足了人类的这一需求。此外，

YUNDONGWUJIXIAN

与传统体育项目（包括奥运会项目）相比，极限运动更富有超越身心极限的自我挑战性、观赏刺激性、高科技渗透性、商业运作性。

当体育的本质越来越被金钱的光芒掩盖时；当多奥林匹克运动项目也逐渐被众多的问题困扰，作假、黑哨、兴奋剂、贿赂丑闻等等不一而足时；当体育运动愉悦身心、完善人性、回归自然的本质被逐渐淡化时，体育精神遭受到空前的质疑与信任危机。然而在广大民众视线之外的非主流运动项目中，却潜藏着一股回归自然、融入自然、挑战自我，达致"天人合一"思想境界的清流——极限运动，在欧美各国及各发展中国家，悄然成为都市青年最流行、最持久的时尚运动，参加极限运动会已成为广大都市青年梦寐以求的愿望。

极限运动的兴起使人们逐步离开传统的体育场馆，走向荒野，纵情于山水之间，向大自然寻求人类生存的本质意义。

运动无极限

> 不得不看的极限运动电影

1.《末路狂澜》：杂而不纯，博而不精。

在法国巴黎街头有一群轮滑族，其中有四人非常厉害，他们是斯林姆和他的女朋友阿丽克丝，以及他的两个好朋友奥提斯和弗兰克。斯林姆厌倦了仅仅是在大街和公园里玩玩轮滑，他想出了一个绝妙的主意：利用自己完美的轮滑技术打劫银行。影片讲述的就是他们开始打劫后10天内发生的故事。作为CX极限赛主要项目之一，直排轮滑是爱好者最为广泛的极限运动。影片拍得很有娱乐味道，数场公路追逐富有动感，镜头捕捉速度感十足，气氛调度很有火候。为了与真实生活有所区别，导演特地使用偏黄色彩作为主色调。

2.《极限特工》：007开始玩极限运动，成为新一代的城市英雄。

Xander Cage 是一个天不怕地不怕的极限运动健将，以各种极端的反社会手法，演出生死边缘的特技，这些都收录在地下录影带中，使他小有名气，也成为警方眼中的棘手败类。一天美国政府CIA突然找上他，软硬兼施要求他加入特工组织，他的任务是渗透到捷克布拉格的犯罪组织中，这是以前其他三名CIA探员都未能完成的任务……

3.《星际传奇》：极限运动版的《星球大战》。

未来世界里，太空宇航员福瑞驾驶的太空船在外太空发生事故，不得不降落在一颗遥远的行星上。福瑞的伙伴们大部分死于这场事故，只有一小部分人得以逃生。其中包括执法官强斯和他押送的犯人——凶狠残忍的雷迪克，当生还者们一起去探索这个热得

YUNDONGWUJIXIAN

使人喘不过气的陌生星球时，这两个势不两立的死对头也必须联手，因为只有这样才有可能活着离开这个星球。这个星球白天看起来可怕、荒芜、死气沉沉，但是当夕阳西下，整个星球完全被黑暗笼罩时，星球上的"居民"才会悄悄浮现……

4.《垂直极限》：超越身体，超脱心灵。

彼得本是一名登山好手，不过由于父亲在一次登山事故中意外丧生，所以彼得下定决心放弃登山。而彼得的妹妹安妮却不愿就此放弃，兄妹二人因此不欢而散。安妮自行组织了一支探险队向世界第二高峰喜玛拉雅山脉西麓 K2 峰发起冲击，不料遇上突变气候，探险队被困峭壁之上，进退维谷。为了营救安妮，彼得不得不披挂上阵，再度挑战 K2 极限!《垂直极限》被评为近年来最惊悚和最可信的登山电影，对于恐高的人来说，本片

不容错过!

5.《企业战士》：全世界首部纯粹的跑酷电影。

Yamakasi 由 7 个年轻人组成，他们每个人都是跑酷爱好者：冲刺的速度如火箭一样快、臂力惊人、身体如橡皮筋一样柔软、能够飞檐走壁……7 个人在城市中逍遥自在，无所不能，他们是大家心目中的传奇人物。有一天，一个贫困、患有心脏病的小男孩命在旦夕，如果 12 个小时内不能筹到手术费，获得一颗新的心脏接受手术，他将撒手人寰。Yamakasi 决定抢救小男孩的性命，于是他们 7 个人决定利用有限的 12 小时劫富济贫，找有钱大佬下手。而一直视他们为眼中钉的警察局，出动大批人马来阻止他们的行动，一场追逐大战就此展开……

● 飞翔的自由

蹦极 >

• "俯冲跳"的礼仪

蹦极（Bungee Jumping），也叫机索跳，是近来新兴的一项非常刺激的户外休闲活动。跳跃者站在 40 米以上（相当于 10 层楼）高度的桥梁、塔顶、高楼、吊车甚至热气球上，把一端固定的一根长长的橡皮绳绑在踝关节处然后两臂伸开，双腿并拢，头朝下跳下去。绑在跳跃者踝部的橡皮绳很长，足以使跳跃者在空中享受几秒钟的"自由落体"。当人体落到离地面一定距离时，橡皮绳被拉开、绷紧、阻止人体继续下落，当到达最低点时橡皮绳再次弹起，人被拉起，随后，又落下，这样反复多次直到橡皮绳的弹性消失为止，这就是蹦极的全过程。

蹦极（bungee jumping）一词应该是一个极好的音译词，在香港、澳门，人们音译为"笨猪跳"。作这种译法是因为 Bungee 在粤语译音与"笨猪"发音差不多。当然，也可理解为只有笨猪那么傻的人才会往下跳。然而，这项运动从它的起源地发展到了世界各地，受到了人

16

们普遍的欢迎，甚至一些极限运动爱好者还要将自己的婚礼仪式放在蹦极塔上进行，一旦"礼成"，就纵身一跳，以示爱情的热诚与忠贞。而去蹦极的人非但不会被称作"笨猪"，反而能够拿到"勇敢者证书"。

公元 500 年前后，在南太平洋瓦努阿图群岛的一个部落，一名土著妇女为逃避丈夫的虐待，爬上了高高的可可树，用一种当地具有弹性的藤蔓牢牢绑住脚踝。她威胁其丈夫要从树上跳下来，没想到笨丈夫随后也爬上了树，跟着跳了下去，结果自然是柔嫩的藤蔓救了女人的命，暴虐的丈夫却命丧黄泉。此后，将藤蔓绑住脚踝从高处跳下成了当地一种独特的风俗习惯。他们依山建起一座座由树桩和藤蔓捆扎而成、20 ~ 30 米的高塔，年轻的男子从上面俯冲而下，向他们信奉的图腾祈愿部落的平安和丰收，同时也象征着他们步入成熟。

这种形式后来传到英国，被作为皇宫贵族的一种表演，表演者须穿燕尾服，头戴礼帽。首次使用橡皮绳蹦极是在美国，1954 年，有两位地理学家来到瓦努阿图的彭特科斯特岛进行科学考察，意外地发现了岛上居民的这个奇怪风俗。他们在科学考察报告中对"俯冲跳"做了这样的描述:题为《南太平洋上不可思议的跳跃》,"在彭特科斯特岛上,当地人在感恩节爬到山上的塔顶,身上系一根绳子,头朝下地跳下来。"从此,蹦极运动的雏形被传播开了。

1970年,地理学家们再次来到这个小岛,摄影家兼作家卡尔·穆勒成为第一个尝试这种令人心颤活动的外来人,他形容自己从25米高处跃下时,奇怪地感觉自己似乎停止了思维,极度兴奋后,身体稍有些不适应。1979年4月1日,英国牛津大学冒险俱乐部成员从当地245英尺高的克里夫顿桥上利用一根弹性绳索飞身跳下,拉开了现代蹦极运动的帷幕。

但蹦极的真正发扬光大是在新西兰。1988年,A·J·贺克特和克里斯·奥拉姆在新西兰成立了第一家商业性蹦极组织"反弹跳跃协会"。贺克特亲自从埃菲尔铁塔上跳下,引起了世人对蹦极跳的兴趣。同年,约翰·考夫曼和他的弟弟在美国加利福尼亚州也成立了一个商业性的蹦极机构。约翰本人就是被电视上的蹦极表演吸引到这个行业中来的,在不到三年的时间里,他们吸引了1.6万人,每人花费99美元来参加蹦极,并把蹦极发展到大桥式蹦极、飞机式蹦极等多种形式。1990年,又开创了热气球蹦极。到目前为止,世界上有很多国家都已建立了蹦极运动基地,例如新加坡、日本、加拿大、澳大利亚以及一些欧洲国家。1997年5月1日,蹦极首次传入中国。

• 蹦的花样

1. 绑腰后跃式:此跳法为绑住腰之后,站于跳台上采用后跃的方式跳下,此跳法为弹跳初学者之第一个基本动作,弹跳时仿佛掉入无底洞,仿若整个心脏皆跳出,约5秒钟时突然往上反弹,反弹持续4-5次,定神一看,自己已安全悬挂于半空中,整个过程约1分钟,紧张又刺激。

2.绑腰前扑式：此跳法为绑住腰站于跳台上面前扑的方式跃下。此跳法为弹跳初学者的另一种尝试跳法。此种跳法近似于绑腰后跃式，但弹跳者为面朝下。当玩家面朝下坠落时，看着地面扑面而来，听着风声呼呼吹过耳边，真正感受到视觉上的恐怖与无助。弹跳绳停止反弹时能真正享受重生的欣喜。

3.绑脚高空跳水式：此跳法为弹跳者展现英姿的跳法，此种跳法将装备绑于脚踝上，弹跳者站于跳台上面朝下，如奥运选手跳水，弹跳者于倒数5、4、3、2、1后即展开双臂，向下俯冲，仿若雄鹰展翅，气概非凡。

4.绑脚后空翻式：此种跳法是难度最高但也最神气的跳法。此种跳法将装备绑于脚踝上，弹跳者站于跳台上背朝后，弹跳者于倒数5、4、3、2、1后即展开双臂，向后空翻，此种跳法需要强壮的腰力及十足的勇气，若你认为你的胆识超人，不妨在体验过绑腰、绑脚弹跳后，向自己的勇气挑战。

5.绑背弹跳：此种跳法被弹跳教练喻为最接近死亡的感受，弹跳者将装备绑于背上，于倒数5、4、3、2、1后双手抱胸双脚往下悬空一踩，仿佛由高空坠落，顿时感觉大地旋转，地面事物由小变大，整个过程仿若向死神报到，刺激到极点。

6.双人跳：此种跳法是向恋人宣誓爱的证言的最高境界，双人于空中反弹时，弹跳绳将两人紧紧扣在一起，此时是你许下诺言的最佳时刻，当然，我们要求其中一方必须要有弹跳经验才能进行此项甜蜜又惊险的双人跳。双人跳由于存在一定的风险，因此只有跳过蹦极的人才可以进行双人跳。没有蹦极经验是绝对不允许的。

• 防护措施

蹦极活动的组织者应该是一家合法经营的公司。蹦极教练要有资格、有常识并有经验。目前，有许多急功近利的组织者缺少经验，设备也不完善。据记载，蹦极活动中的第一起死亡事故就是因为

> **蹦极点之最**

第一高的蹦极点在澳门旅游塔，高达233 米的塔顶；

第二高的蹦极点在瑞士 Verzasca 大坝蹦极，高达 220 米；

第三高的蹦极点在南非东开普省齐齐卡马山中一座名为布劳克朗斯的大桥上，高度为 216 米。

教练没有把绳索系好，绳子看起来是系在钩子上了，其实没有。另外，由于蹦极是一项具有冒险性的活动，你最好参加保险。

把游客系在绳子上的方法有几种：把背带套在身上，以及系住脚踝、腿或手臂。无论哪种方法，你的安全都取决于你是否被系好了。如果系着物看起来陈旧不堪，或者你觉得哪儿不对劲，就不要跳。

还有的事故是由于人们从正升往蹦极点的升降机上摔下来而造成的。因此升降机启动之前你必须要坐稳，不要在升降机启动之前就系上蹦极的绳子，否则绳子容易

绕成一团。

许多蹦极点都针对不同的体重，配备了不同的绳索。这些绳子有不同的颜色和标签，标明适用于哪个体重范围。要问问教练绳子的规格，如果觉得不满意，就不要跳。一般来说，50 千克以下的用细绳，50 ~ 80 千克的用中绳，80 千克以上的用

粗绳。

　一些地方提供非常危险的蹦极形式。例如有些双人式蹦极，两人在狭小的空间内不受控制地上下弹跳，他们可能撞到对方，绳子也可能绞在一起。除非非常有经验，并且蹦极者之间的空间也足够大，否则你应避免这种危险的方式。

　还有一种沙包蹦极，活动中蹦极者手持重物，方法是当蹦极者接近地面时扔掉重物。由于你落下时要沉得多，弹力绳聚集的力量能使你向上弹出时高过起始的平台高度。这种活动的危险是你有可能撞到平台。

　在决定蹦极之前要确保天气状况良好。如果风力很大，会影响你弹跳的方向，带来不安全因素。如果当地在下雨，或最近一段时间经常下雨，绳子可能受潮，也会造成安全隐患。

　跳之前要确定所有设备都能安全使用。蹦极一般用竖钩或弹簧来保证安全，这些设施应该被牢牢地固定在正确的地方。曾经因为这些设备没有安装对地方而发生过事故，因此你起跳前应该确保它们已经安装好。

　饮酒后不要参加蹦极活动。酒精不仅会损害你的判断力，还会使你急于冒险，并且不太在意安全措施。

确保绳子垂出去的方式能够让你安全弹跳，如果绳子被钩住或缠在一起的话，你就有可能受伤。许多蹦极点都使用一条主安全绳，另外还有一条备用绳，以在第一条发生断裂时派上用场。曾经发生过这样的事故，第一条安全绳断裂，而备用的那条长度又不对。如果绳子看起来磨损得厉害，不要进行蹦极。绳子有使用期限，超出期限必须更换。一些蹦极点的管理者可能使用超出期限的绳子。

蹦极在气候温暖、阳光灿烂的旅游点尤其流行。绳子会受阳光暴晒的影响，因此紫外线辐射也应列入缩短绳子使用寿命的因素。如果要进行蹦极活动，最好在早晨，在绳子完全处于阳光暴晒和高温之前。

蹦极对身体素质要求较高，凡是有心、脑病史的人不能参加。凡是深度近视者要慎重，因为硬式蹦极跳下时头朝下，人身体以9.8米/秒的加速度下坠，很容易脑部充血而造成视网膜脱落。跳下前应充分活动身体各部位，以防扭伤或拉伤。着装要尽量简练、合身，不要穿容易飞散或兜风的衣物，否则很容易曝光。跳出后要注意控制身体，不要让脖子或胳膊被弹索卷到。最后，如果采用绑腿式跳法，腿部和脚部一定不能有骨折的病史！

运动无极限

空中滑板 〉

空中滑板是一种令人热血沸腾、心跳加剧的极限运动，它由滑板运动和跳伞运动混合而成。从事这项运动的人士通常被称为空中冲浪者，他们的脚上穿着滑板，从飞机上一跃而下；在自由落体期间利用滑板来表演各种特技，犹如冲浪一般，只不过这是在空中冲浪，而不是在水上冲浪，所以也有人将这项运动叫作"空中冲浪"。

空中滑板的特技既壮美又危险，每个动作都必须拿捏得恰到好处，而且动作的时间点也不能有丝毫偏差，否则稍有不慎，就会"一失足成千古恨"。

事实上，这项运动在西方已经存在了多年，但直到最近几年才被人们熟知。愈来愈多的跳伞玩家开始从事这项运动，它的普及程度还在不断扩大。有些人甚至试着在白雪覆盖的山顶上玩空中滑板，等降落在柔软的白雪上后，玩家将降落伞打包好，然后用滑雪板滑下山。

• 空中规则

空中滑板是依靠团队来完成的跳伞极限运动。一般说来，每组包括 2 ~ 3 名成员：1 ~ 2 名滑板选手，还有 1 位摄影师。

空中滑板的表演从队员们在 1.3 万英尺高空离开飞机的一刹那开始。在前 50 秒钟里，所有队员以 250 千米 / 小时的速度垂直坠落，滑板选手在自由落体的过程中脚踩在一块特殊设计的滑板上，要运用他们个人的创意完成滑行、旋转、翻筋斗等动作，而摄像师则必须和队友的轨迹同步，做完全一致的动作，同时用便携的数码摄像机在空中进行全程录影，其地位和作用

YUNDONGWUJIXIAN

都不可小视。因为地面的评委们要根据摄像师拍摄的画面来给出技术和表演上（包括动作难度、执行程度、美感等指标）的评分。到离地面 2500 英尺的高度时，滑板选手和摄像队友同时打开降落伞，并用 20 秒钟左右的时间着地。

• 运动装备

滑板：滑板是该项运动中最重要的装备，最早由冲浪板改造。它的长度从 35 英寸到 60 英寸不等，宽度大都是 10.5 英寸或 11 英寸，重量为 2 磅到 3 磅，其价格也从 450 美元至上千美元不等。滑板外壳材料主要采用碳纤维、玻璃纤维，内部是铝制的多孔蜂巢状核心。对于新手来说，尽量选择体积和重量小的滑板。专业选手使用的滑板可达 11 层结构，其重量和尺寸也更大。

降落伞：目前，矩形降落伞已经替代蘑菇形降落伞。因为圆形降落伞无法十分灵活地改变方向。而矩形降落伞却滑翔得更平稳，更易于控制。降落伞主要包括 4 个部分：背带，用来抓住跳伞人的身体；容器，用于放置主伞盖和备用伞盖，容器连接到背带上；主伞盖，存放在容器中，通常先打开该伞盖；备用伞盖，该伞盖与主伞盖类似，但是仅在主伞盖无法正常使用时才使用。除了上述 4 个主要部分外，还有一些其他辅助装置来确保跳伞的顺利完成，它们是固定开伞索和挂钩（仅限固

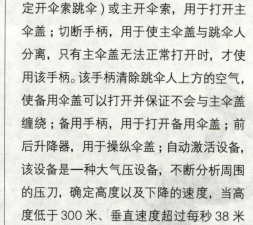

定开伞索跳伞）或主开伞索，用于打开主伞盖；切断手柄，用于使主伞盖与跳伞人分离，只有主伞盖无法正常打开时，才使用该手柄。该手柄清除跳伞人上方的空气，使备用伞盖可以打开并保证不会与主伞盖缠绕；备用手柄，用于打开备用伞盖；前后升降器，用于操纵伞盖；自动激活设备，该设备是一种大气压设备，不断分析周围的压刀，确定高度以及下降的速度，当高度低于300米、垂直速度超过每秒38米时，该设备将激活，打开备用伞盖。

高度计：用于在空中确定自己的高度，以便在安全的范围内及时跳伞，分为需要自己读数的罗盘式，也有可以直接听到的电子报数式。

头盔：护头装置以便在坚硬的地面上着陆时保护头部的安全。新手最好使用坚硬的头盔，经验丰富的玩家可以使用皮质的帽子，尽管保护性差些，但是更加灵活。

摄影机头盔：专为空中摄像师使用的头盔，与用来保护头部的跳伞头盔最大的区别就是它可以将摄像机固定在上面。最开始的时候都是玩家自己动手改装现行的头盔，后来才有厂家专门生产。

● 浪花的精彩

潜水 〉

　　无氧潜水是一项在没有氧气瓶的帮助下，完全依靠事先憋一口气潜入深海，完全徒手，和岸上长时间内失去联络的极限运动。这并不是一项最年轻的运动，但十多年来，无论人们怎样宣讲它是如何的困难和危险，每年仍有越来越多的爱好者参与进来。只要接触过无氧气潜水，这人就像上了毒瘾一样一辈子都不会远离湛蓝的海水。挑战的深海距离像一把刀子一样插在心头，每次的目标只有一个：超越它，然后上岸，再超越它。于是，我们

也就不难理解无氧潜水的魅力了。

独一无二的特质

无氧潜水的特点主要体现在三个方面。第一，没有氧气瓶的帮助，完全依靠事先憋一口气潜入深海。通常情况下，即便背负氧气瓶，因为海底巨大的水压，安全并不能得到稳定的保障，由此更可见无氧潜水对肺活量的要求有多么高了；第二，完全徒手。海底潜水到一定的程度，一般会有牵引绳或其他工具的引导和帮助，而无氧潜水却完全需要赤手空拳来完成。不但需要下潜，还需要自己浮出水面；第三，和岸上长时间内失去联络。无氧潜水者入了海底，就会与船上或岸边的伙伴失去联络，人们无法得知他在水底的具体情况。通常情况是超过一定的时间潜水者还没有冒头，就说明有了危险，从而实施营救，但这种情况下获救的成功率并不会太大。

挑战世界纪录

有了以上三大限制，无氧潜水简直成了"魔鬼的任务"，也就难怪世界上有那么多渴望挑战自我极限的人趋之若鹜了。的确，几年来频繁有人刷新无氧潜水的世界纪录，通过系统而科学的训练，这项运动的成绩提升速度之快是传统体育项目中罕见的。

1999 年，20 岁的土耳其姑娘达尔克莉克在土耳其博德鲁姆附近海域打破了

30

美国人保持的 67 米的无氧潜水世界纪录，她的成绩是 68 米。而到了 2002 年 10 月，法国人勒费姆就以 162 米的成绩打破了由古巴选手费里拉斯保持的无氧潜水原世界纪录了。

成功的感觉令人兴奋，但"魔鬼的任务"怎可能没有危险？勒费姆的妻子，一位 28 岁的法国女潜水专家在试图打破丈夫保持的无氧徒手潜水最深的世界纪录时，不幸失手丧生。她在中美洲的多米尼加尝试挑战，计划是潜进 171 米深的水底。不过就在她潜入水下 9 分钟后，就由其他潜水员将她从水底救出，当时她已经因为巨大的水压而深度昏迷，送往急救后宣告不治。意外发生时，勒费姆也在现场，只

是不知道疯狂至此的两夫妻，事先有没有对意外做了充分的考量。

无氧潜水更多的是由受过训练的专业人士尝试，普通爱好者潜入五六米也就该适可而止了，因为这真的是恐怖到极致的"生死游戏"。

水上摩托 〉

水上摩托运动是集高科技、观赏、竞争和惊险刺激于一体，富有现代文明特征的高速水上运动。其比赛的场面壮观激烈、精彩纷呈、惊心动魄，是世界公认的具有较大影响力，较高收视率（仅次于

YUNDONGWUJIXIAN

奥运会、世界杯足球和F1汽车）的竞技体育项目之一。

水上摩托是恋水的人都偏爱的一项极限运动，它带来的刺激是任何一个喜欢速度的人都想去尝试的。在比赛中，水上摩托主要以竞速比赛为主。其比赛形式为闭合水上摩托赛场的竞速，主要的技术环节有起步加速、超越和冲刺等。近年来，我国多次参加世界锦标赛和国际比赛，并获得多种奖项，部分项目已经达到世界先进水平。

水上摩托根据驾驶方式分为坐式水上摩托和立式水上摩托（也称滑水型水上摩托）两种类型，目前国际摩托艇联合会正式设立的比赛级别为：1.立式水上摩托800CC；2.坐式水上摩托1200CC。

• 动作要领

入水前做好准备。第1步：挂保险。每个骑手的左手腕上都会被悬挂一个保险，坐上水上摩托的首先要将保险挂上。第2步：打火。打火的开关也在左手，通常情况下为一个绿色的按键，下

按即可。第3步：加油。这也是关键的一步，加油之后摩托艇就会冲出岸边。需要注意的是，水上摩托并没有刹车零件，只要不再为摩托本身加油，速度就会慢下来。

入水后要配合默契。1个人：如果是一个人驾驶水上摩托，并且俨然已经成为水上运动的高手，那么就可以尝试站着驾驶，或者采用将身子压低加大马力以直线速度为主的方式。2个人：这是情侣们常用的方式，当男子以最快速度行驶时，耳边呼啸的海风，后背被爱人紧紧拥抱的感觉，则是在平地上难以觅到的。不过，车身转弯做动作的时候，两人要有绝对的默契，胆小害怕、泪流满面在这个时候是不适宜的，而不时惊声尖叫会让眼前的这个男人带着你玩得更刺激！3人以上：大型的水上摩托是可以容纳4个人的，这也是在国外经常见到的运动场面。目前因为北京水域的限制，我们还无法享受到这种组合所带来的刺激感受，所以如果有机会，去三

亚等一些水域、天气、温度较好的地方，可以好好地刺激一下自己的神经。

· 花样迭出

当水上摩托开始出现在人们日常生活中的时候，我们也都希望电影中的那些鲜活的场景、水上摩托比赛中那些刺激的场面能够演绎到自己身上来。其实，只要教练稍稍指导下下，我们也能驾着摩托自己出海。水面的空间固然重要，但是玩出花样，依靠的不仅仅是水域的大小，还要靠技术以及对水的感悟。

玩法1：掀翻浪花。到了水中央，你可以绕圈打转，不断掀起浪花，但需要注意的是，在不断转弯的过程当中，要适当降低给油量。刺激点：当高高掀起的浪花打湿衣服时，在这个动作中自我会得到极大的满足。

玩法2：直行回转。像很多陆地摩托车选手一样，在冲到一定地点的时候，依

靠腿部触地力量突然回转，同样在水面上也可以尝试，但是却不能依靠腿部的力量来完成，此时需要前方有相对60米左右宽的距离（在船只较多的水面还是尽量不要尝试），让摩托艇有足够的空间滑行过来。刺激点：回转的功夫主要在于油门的运用，如果你可以平稳地在减速很少的情况下掉头，你就知道，这样的"漂转"到底有多难了。

玩法3：迎风破浪。在宽阔的海域上面会遇到邮轮驶过时掀起的巨浪，此时平稳性好的人都喜欢挑战巨浪冲过时的瞬间。但要注意的是，不可与其他水上航行的船只靠得太近，通常情况下，保持在20～30米，同时不可减少给油量，以免摩托因突然减速而被浪打翻。刺激点：就是速度。

自救方法：水上摩托可以在瞬间提速，贴水面飞行每小时达60千米以上。因为没有刹车系统所以在靠岸时只能依靠减速或熄火滑行。初学者，此时需要教练陪同，以免跌落水中，如果不慎跌入，也不要着急，在跨上摩托之前，连接的保险（电子点火开关钥匙由强塑软线挂在驾驶者的手腕）在落水时，电子软线开关会瞬间脱离摩托车，机器自动熄火并停止前行，以确保人身安全。

• 运动提醒

在游玩的场所，通常都会贴有运动须知，在下水前一定要仔细阅读。贵重、易脱落的东西不要随身携带，如手机、相机、手表、MP3 等。不论是运动前还是运动后都不可大量饮水。

　　要穿好救生衣，不可随意脱下。即使是水性较好者也建议穿上。

- 运动装备

　　短衣、短裤或者紧身的衣裤是较好的装备，可以降低风的阻力。通常不穿鞋袜。如果穿，最好选取沙滩运动鞋。太阳镜和防晒霜，是烈日之下的必备物品。建议女士不要穿长裙，最好以短裤为主。

- 国际比赛

　　1908 年第四届伦敦奥运会，水上摩托首次成为奥运会项目。

　　世界水上摩托锦标赛包含坐式绕标赛、立式绕标赛、立式巡回赛和自由花式赛 4 个分项目，每个分项目不超过 20 名赛手，赛手来自不同国家。

　　障碍赛、耐力赛和花样赛（仅限立式水上摩托）：障碍赛比赛形式是运动员在闭合赛场进行的忽左忽右绕标驾驶或跨越障碍的竞速比赛，主要的技术有：起航、加速、绕标、越障、超越和冲刺等。比赛过程马达轰鸣、浪花飞溅、高潮迭起、扣人心弦。花样赛是运动员利用水上摩托在规定的时间内充分展现骑手在难度性、挑战性和创造性上的技巧和专门技术的比赛；比赛时运动员所展示的空翻、潜水、跳跃等高难动作，将使观众眼花缭乱、目不暇接。

运动无极限

滑水 〉

滑水运动是人借助动力的牵引在水面上"行走"的水上运动。滑水者通常要穿着"水鞋"，即水橇，在水面上完成各种动作。根据滑水者所使用的水橇种类或不使用水橇，滑水大致可以分成花样、回旋、跳跃、尾波、跪板、竞速、赤脚等项目。滑水既可以使人感受高速滑行带来的刺激，又能使人体会翻、转、跳、跃所带来的快乐，让人充分享受夏日蓝天碧水的温情以及体育运动带给人的无穷乐趣。

滑水运动最早起源于20世纪初的美国，并迅速在欧美等发达国家普及开来。20世纪40年代，成立了滑水运动的国际组织——国际滑水联盟，并开始举办国际性滑水比赛。1988年，国际滑水联盟正式更名为国际滑水联合会。滑水运动是国际奥林匹克运动委员会正式承认的运动项目。

• 滑水赛事

目前，世界性重大滑水赛事有：世界滑水锦标赛（单数年举行）、世界杯滑水赛（双数年举行），另外还定期举行单项世界锦标赛（如赤脚滑世界锦标赛、尾波世界锦标赛等）。

在亚太地区举行的重要滑水比赛有：亚澳区滑水锦标赛、亚洲滑水锦标赛。

中国的滑水运动起源于20世纪60年代，到80年代正式成为原国家体委的正式比赛项目。1986年中国滑水协会正式成立，同年加入国际滑水联盟。从1986

年起，中国正式参加国际性滑水比赛，并在世界锦标赛中两次获得女子花样项目前八名，并获得 60 多个亚洲冠军称号。

滑水运动在世界各地发展很快，据不完全统计，全球有 3000 万以上的滑水爱好者。相信随着社会经济的不断发展，越来越多的人会参与到滑水运动中来，感受这种独特的水上运动所带来的无穷乐趣。

• 滑水分类

尾波滑水：尾波板是近年刚刚兴起并迅速发展普及的一个滑水单项。尾波板的外型酷似滑雪的单板，是一个长约 130 厘米、宽约 60 厘米的板体，板体下部两端设有尾鳍，板体上表靠近中部设有固定的脚套。

尾波板的独特外形给滑水者提供了更多、更广泛的展示技巧的可能，使得滑水者的加速度更快，并在越过滑水牵引艇产生的尾浪（专业称尾流）斜坡后取得更高的高度，给予滑水者更大的空间和时间完成难度更大的翻转、跳跃、旋转等一系列动作。尾波项目因此也成为滑水运动中最具有观赏性的项目，人们可以同时领略高台滑雪、自由体操、跳水等一系列运动项目在水面上的精彩瞬间。另外，由于板体在水中的面积较大，稳定性较高，比较适合初学者学习新动作，尾波板因此也成为

37

滑水运动中发展最快并具有巨大发展潜力的项目，深受广大爱好者特别是青少年的喜爱。

为了进一步推广普及尾波板滑水，国际滑水联合会于2001年正式举行了首届世界尾波板单项锦标赛。尾波滑水也成为极限运动会及其他一些综合性运动会的正式比赛项目。

花样滑水：滑水者所使用的水橇是一块长约100厘米、宽约30厘米、两端呈弧形的单板，没有尾鳍，板体上表面设有脚套。花样滑水者在动力牵引下，特别是在拖船的牵引下，可以利用拖船的尾浪做出翻转、腾越等许多动作。在比赛中，运动员根据国际滑水联合会竞赛规则中规定的动作（注：每个动作都有固定的分值）编出两套完整的动作编排，并分别在两个20秒钟的滑程内完成这两套动作，裁判员根据运动员完成动作的难度和完成质量给出评分，得分高者为优胜者。花样滑水对于滑水者素质要求较高，滑水者要进行长期艰苦的专业训练才能达到较高水平。

回旋滑水：滑水者所使用的水橇是

一块长约 160 厘米、宽约 15 厘米、一端（顶部）翘起呈弧形的单板，有尾鳍，板体上表面设有脚套。滑水者在滑行过程中，可以随着动力的牵引左右穿插，类似于滑雪中的回转，故此得名。水平高的滑水者在滑行中可以使板底激起一排排水墙，非常壮观。在比赛中，运动员要依次绕过水面上按规律排列的左右各 3 个共 6 个浮标，每成功通过一次专业称为完成一个滑程，以运动员完成滑程的难度和完成浮标的数量决定运动员的成绩。回旋滑水是比较容易在大众中普及的滑水项

目，在尾波板出现以前，回旋项目一直是介于大众与专业滑水者之间的一个项目。一般的滑水者经过短期的训练即可享受在水中奔驰的乐趣。

跳台滑水：滑水者所使用的水橇是两块长约 200 厘米、宽约 25 厘米、一端（顶部）翘起的板体，每块有尾鳍，板体上表面设有脚套。滑水者在滑行过程中，要通过加速越过一个斜坡型的跳台，在空中"飞行"一段后落在水面上，类似于高台跳雪。在比赛中，滑水者要平稳地落在水面上并保持一定距离的滑行姿态，才被确定为一

YUNDONGWUJIXIAN

次成功的跳跃，以运动员的着水点到跳台斜坡顶端垂直面的距离为运动员的成绩，距离远者为优胜者。跳台滑水是滑水运动中危险性和刺激性最大的项目，因此建议只有经过一定训练的人才能参与。它也是传统三项中最具有观赏性的项目，运动员通过加速越过跳台，高高跃起，似大鹏展翅高飞，令人叹为观止。由于跳台滑水使用的双橇在滑行中具有较高的稳定性，因此跳跃橇也通常被用来训练初学者起滑，一般的人能在很短的时间内就能穿着跳跃橇体会在水上"行走"的乐趣。

艺术滑水：艺术滑水是将多种滑水单项以艺术化形式表现出来的滑水运动的综合体，有极高的观赏性。艺术滑水起源于20世纪60年代的美国。当时一些专业滑

水运动员不满足于一般性的训练和比赛，创造了多人及多项目的滑水组合，并在一些公众场所进行表演，逐步演变成一个相对于竞技滑水独立的门类。美国于70年代初开始举行全国性的艺术滑水比赛。与竞技滑水的个人比拼最大的不同，艺术滑水通常是多人组合。在比赛和表演过程中，滑水者穿着艳丽多彩的服装，配以背景音乐和现场解说，场面宏大而热烈。艺术滑水所展示的项目通常有：多人罗汉（4层甚至是5层）、特技跳跃、水上芭蕾、多人赤脚、多人特技空翻等十几个项目。从滑水运动的发展历程看，艺术滑水对于人们了解和参与滑水运动起到了不可估量的作用。

• 运动装备

滑水基本装备包括牵引器材、滑水板、保暖服、救生衣、滑水拖绳、拉把，而滑水手套、臂环、滑水短裤、尼龙背心等也都是滑水者经常要使用的器材。

1. 牵引器材：滑水的牵引设备通常分为两种，一种是船艇类，专业成为滑水拖船，另一种是索道类。目前在世界上使用最为普遍的是滑水拖船。拖船一般由专业的滑水拖船制造公司制造，一般马力在300匹左右，艇型的设计非常符合滑水者对尾浪（专业称尾流）的需要。滑水拖船价格比较昂贵，一艘拖船的价格通常在4万美元以上，属于小型机动艇中的奔驰了。索道牵引设备出现不久，它类似于高山索道，只是把高山索道围成一个封闭的场地，而且索道上增加了特殊的变频装置，使得牵引速度可以从20多千米/小时一直到60千米/小时。牵引设备最大的好处是可以在城市中心很小的水域架设，但一次性的投资较大。

2. 滑水板：滑水板（专业称水橇）的种类较多，每种橇代表一种滑水类型，现在普遍使用的是跳跃橇、回旋橇、花样橇、尾波橇、跪板等等。现就以上几种主要

橇型做简要介绍。

跳跃橇：跳跃橇是滑水者用于进行跳跃滑水所使用的橇型。橇板有两只，滑水者两脚分别穿着一只。每只橇板根据滑水者的身高、体重而专门设计，通常长200～230厘米，宽度约25厘米，脚套固定在板体靠中间的位置。最新型跳跃橇的前端翘起大约50厘米，以增加水橇在空中的升力，从而帮助滑水者提高跳跃距离。板体的尾部装配有尾鳍。跳跃橇的设计便于滑水者的加速和在水面及空中的稳定性。因此很多初学者使用跳跃橇进行起滑、练习。跳跃橇一般由碳纤维材料制成，价格比较昂贵，一副的价格在2000美元以上。

回旋橇：回旋橇的长度一般在170厘米左右，顶部呈弧形，较为宽大（大约15厘米），由顶部向下逐渐变窄，到底部（尾部）最窄（约不到8厘米）。尾部板体下端安装有尾鳍，以利于方向的控制。整

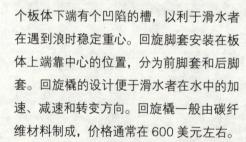

个板体下端有个凹陷的槽，以利于滑水者在遇到浪时稳定重心。回旋脚套安装在板体上端靠中心的位置，分为前脚套和后脚套。回旋橇的设计便于滑水者在水中的加速、减速和转变方向。回旋橇一般由碳纤维材料制成，价格通常在 600 美元左右。

花样橇：花样橇的长度一般在 100 厘米左右，宽度约 35 厘米。板体两端呈弧形。回旋脚套安装在板体上端靠中心的位置，分为前脚套和后脚套。花样橇的设计便于滑水者在水面的转体和利用尾流作

出难度更大的空翻、跨越等动作。花样橇一般由碳纤维材料制成，价格通常在 400 美元左右。

尾波橇：尾波橇是在花样橇的基础上设计而成的。但它的长度一般在 130 厘米左右，宽度约 40 厘米。板体两端呈弧形。板体两端下部安装有尾鳍。脚套安装在板体上端靠中心的位置，分为左脚套和右脚套。尾波板的设计便于滑水者借助尾流取得很高的腾空高度以便作出转体、空翻等一系列高难度的动作。尾波滑水者的动作

看起来和花样运动员的动作类似，但尾波运动员的动作幅度更大，更具有观赏性。尾波橇一般由碳纤维材料制成，价格通常在800美元左右。

跪板：跪板是人跪在一个板体上进行滑水的橇型。它的形状像一条小船，板体上表面有两个凹槽，滑水者可以跪在上面，板体下端安装有尾鳍，以便控制方向。跪板的价格一般在300美元左右。

3.保暖服：滑水者穿着保暖服一般有几个目的，一是可以在水温较低的情况下滑水，另一方面是保暖服都是由海绵、橡胶等合成材料制成的，具有一定的浮力，滑水者不慎落水时可以帮助滑水者浮出水面。另外，新式的保暖服设计非常的美观，像特殊的游泳衣，使人看起来很"酷"。还有一些女孩子用它来避免阳光的灼晒。保暖服的价格因质量和品牌差异很大。

4.救生衣：出于安全上的考虑，滑水的几个项目要求滑水者穿着救生衣，如跳跃、回旋。对于初学滑水的人来说，穿着救生衣几乎是强制性的规定。由于救生衣

所具有的浮力，可以使滑水者在水中浮起而不致溺水。救生衣的种类很多，专业的救生衣价格不菲，一般在 100 多美元。

5. 滑水拖绳：滑水拖绳一般由玻璃丝编织而成，直径一般在 1 厘米左右，一般可以承受几千千克以上的拉力而不变形或折断。拖绳的长度因滑水项目的不同而不同。滑水绳一般长为 23 米或 31 米，有时候根据比赛或表演的特点有所变化。跳跃拖绳长 21.5 米，绕标拖绳长 16.75 米。花样对绳子长度没有限制。跳跃比赛时，拖绳的规定长度是 23 米；回旋比赛的拖绳长度因运动员的比赛进程而不断由裁判按照 18.25 米、16 米、14.25 米、13 米、12.25 米、11.25 米、10.75 米、10.25 米、9.75 米的顺序缩短；而花样和尾波比赛则可由运动员根据自己的个人习惯而选择，但一般在 20 米左右。

6. 拉把：滑水拉把即滑水者握住的连接拖绳的手柄，形状类似一个三角形，顶端有一个可以和拖绳连接的环套，手柄部分是一个由合金制成的圆管，外部套有橡胶。拉把一般具有浮力，即使落入水中也会浮在水面上。专业拉把的价格一般在 50 美元左右。

7. 其他器材：滑水手套、臂环、滑水短裤、划桨、救生圈、氧气袋、尼龙背心等也都是滑水者经常要使用的器材。

冲浪vs滑水

直白地说，滑水就是人借助动力的牵引，在水面上"行走"的水上运动。所谓动力又分成好多种，有用汽艇的，有用电动索道的，甚至有用汽车、直升飞机的，总之，前面有东西拖着你，你又在水上滑，就是滑水。冲浪：运动员站立在冲浪板上，或利用腹板、跪板、充气的橡皮垫、划艇、皮艇等驾驭海浪的一项水上运动。不论采用哪种器材，运动员都要有很高的技巧和平衡能力，同时要善于在风浪中长距离游泳。冲浪运动以浪为动力，要在有风浪的海滨进行。海浪的高度要在1米左右，最低不少于30厘米。

冲浪 〉

冲浪是以海浪为动力，利用自身的高超技巧和平衡能力，搏击海浪的一项运动。运动员站立在冲浪板上，或利用腹板、跪板、充气的橡皮垫、划艇、皮艇等驾驭海浪的一项水上运动。不论采用哪种器材，运动员都要有很高的技巧和平衡能力，同时要善于在风浪中长距离游泳。

• 夏威夷的弄潮儿

冲浪是波利尼西亚人的一项古老文化。他们的酋长是部落中技术最好的驾浪者，并拥有使用最好的树木所制造最好的冲浪板。统治阶级拥有最好的海滩和板子，

47

一般阶级的民众不准进入他们的沙滩，但民众可以经由优良的冲浪技术而晋升得到这些特权。冲浪运动是波利尼西亚人的生活，就像今日西方世界的运动一样。它影响了波利尼西亚的社会、宗教和神话。波利尼西亚酋长们以展现他们在浪上的特技作为其威信的象征。

没有人知道古波利尼西亚人何时开始从事这种冲浪活动，但是15世纪时的夏威夷诗歌就已有冲浪的记载。而夏威夷冲浪文化最远可追溯到公元500年至800年间，居住在马贵斯群岛的马贵斯土著就仰赖星座方位，航行至夏威夷，在大岛上的南点附近登陆，并且定居下来。13世纪左右，波利尼西亚的社会群岛或塔布提岛的土著们驾着双体独木舟，航行到千里之外的夏威夷群岛，并且征服了早期定居的马贵斯人。

英国探险家詹姆士·库克船长在夏威夷群岛就曾见过当地居民有这种活动。公元1768年至1771年，库克船长受命英国海军总部和皇家学会，首次航行至南太平洋，并于1769年时发现塔希提。公元1778年，库克船长所指挥的英国皇家"决心号"与"发现号"发现了夏威夷，并在考艾岛的Waimea海滩登陆。稍后，库克船长和副手詹姆斯·金恩看到夏威夷人乘着一块长短不一的木板，在海浪上奔驰，感到无比惊异。"决心号"军舰的副长金恩形容夏威夷冲浪时说："他们在表演那些困难而危险的动作时，那种勇敢而娴熟的技巧，的确令人叹为观止。"

1908年后冲浪运动传到欧美一些国家。在获得1912年奥运会游泳冠军的美国夏威夷人哈哈摩库的大力提倡下，冲浪运动在美国的加利福尼亚推广开来。

第二次世界大战后，塑料工业的诞生产生了轻便的塑料冲浪板，促进了冲浪运动的发展，由此，冲浪运动才真正在世界许多国家开展起来。随着冲浪运动逐渐普及和提高，其运动便向着竞技方向发展了。澳大利亚经常举行冲浪比赛。冲浪运动首届世界锦标赛于 1962 年在澳大利亚的曼利举行，其后每两年举行一次比赛。

冲浪运动是相当惊险的一项运动。运动员先俯卧或跪在冲浪板上，用手划到有适宜海浪的地方作起点。当海浪推动冲浪板滑动时，运动员使冲浪板保持在浪峰的

前面站起身体，两腿前后自然开立（通常是平衡腿在前，控制腿在后），两膝微屈，随波逐浪，快速滑行。即使熟悉水性、有高超技巧的人也难免发生危险，因此随着冲浪运动的发展，冲浪救生活动也在不断发展。冲浪运动以浪为动力，要在有风浪的海滨进行。海浪的高度要在1米左右，最低不少于30厘米。

冲浪的运动类型分为两类：娱乐型冲浪，使用简单的器具，以休闲娱乐、运动健身、自我表现、社交等为目的；比赛型冲浪，采用淘汰制，在15至20分钟内，运用波浪起伏推动原理，做出自己拿手的动作。比赛主要根据冲浪者在规定时间内完成的冲浪数量和质量，采用20分制进行评分，如在30分钟内冲3个浪或45分钟内冲6个浪，再根据冲浪运动员冲浪的起滑、转弯、滑行距离和选择浪的难易程度等进行评分。

冲浪运动曾创造了许多令人难以置信的奇迹，常使人惊讶不已。1986年初，两名法国运动员庇隆和皮夏凡，脚踩冲浪板，从非洲西部的塞内加尔出发，横渡大西洋，2月下旬到达中美洲的法属瓜德罗普岛，历时24天12小时。

• 冲浪板种类

全部冲浪板的重量只有11～26千克。

冲浪板种类：长板长度 9 尺以上，适合初学者；短板长度 7 尺以下，属于技术型浪板；枪板窄又长，以应付像夏威夷地区的大浪而设计之；软板动感机动性强，不受浪头大小限制，适合初学者；浮筏板板面宽大，速度转变较慢，适合初学者趴在浪板上练习用；人体冲浪则不利用任何工具，将人体在较浅海边，以游泳方式，浮于水面，随波浪起伏而推进。

• 运动技巧

冲浪板：冲浪板前行要注意转弯的地方，朝海边走出去时，手上拿着冲浪板的角度要呈直线，千万不可把浪板放在身体前面，防止海浪撞击浪板打到自己的身体。放在地上时要轻放，风很大时摆在沙地上要用沙子盖在冲浪板上，或者绑好安全脚绳，你的身体要站在顺风方向的前缘，免得被自己的冲浪板打伤。冲浪板由外海冲回岸边，距离水深约 30 厘米时，要立即下板，避免冲浪板直接冲击到石头上。

海浪：冲浪最好的浪形以中间崩溃往两边斜面推进的海浪最好，最危险的浪是一排涌起瞬间崩溃的海浪，如果遇到这样的浪，最好上岸休息。冲浪中如果碰到往外海外面拉出去的海流时，要以斜面方向跟着海流走，把握海浪，千万不要把安全脚绳丢掉而选择游泳回来或者趴在浪板上休息等待救援。

自我保护：在冲浪板与海浪撞击的时候，不能用手去拉安全脚绳和冲浪板。在外海区遇到疯狗浪的人，要迅速把冲浪板往后丢，赶紧潜水躲藏。如果看到水母出现，或是被水母咬到，必须赶快上岸休息。

"交通"规则：在城市中开车的时候要遵守交通规则，同样在冲浪的时候也要遵守冲浪的规则，避免大家撞车，受到伤害。起乘时，大家都要谦让最靠近海浪崩溃点，且第一个站立起来的冲浪手，一个人一个浪，平时保持 2 个冲浪板长度的距离，而在冲大浪的时候，大家要保持 3 个冲浪板长度的距离。

冲浪胜地

夏威夷：每个冲浪玩家都希望至少去夏威夷冲一次浪。瓦胡岛是夏威夷的主岛，也是最主要的冲浪场所，岛的形状使得岛上自然形成了4个冲浪海岸。夏威夷群岛由于受季风的影响，夏季从北太平洋吹来的海浪，往往使海浪高达4米，有些浪高甚至可高达8米以上，冲浪者可滑行800米以上。

如果人们有兴趣，可以到夏威夷的海边去看看。每个周末都不例外，海边总有那么一些肥胖的女人们，身着各式比基尼，在检查水温，查看波浪，当浪花翻卷时欢笑。新近成立的妇女冲浪同盟成了这些想健身、瘦身的女人们的组织者。这个冲浪同盟甚至组织妇女们在南加州进行冲浪培训，让她们尽可能快地掌握冲浪健康瘦身的技巧。

明打威群岛：民大威群岛位于印度尼西亚的苏门答腊岛西面，这里有4个主要的大岛和数不清的小岛，形成了很多适合冲浪的海岸。南印度洋的各个洋流在这里交汇，使得这里的海浪具有很强的持续性，不管刮什么风，在这里都肯定有地方可以冲浪，而且还有6~10米的大浪。

塔希提岛：世界上只能有一处拥有最高的浪，这就是塔希提岛，它位于南太平洋的塔希提岛。由于没有大陆架的阻挡，这里直接面对来自南太平洋的海浪，这也是为什么此处的浪比其他地方要高的原因。

海南日月湾：海南岛的日月湾是中国最适合冲浪的地方，这里水质清澈，水温适宜，冬季的大浪总是吸引着来自世界各地的冲浪者。这里正拟建中国最大的冲浪俱乐部和中国冲浪基地。2011年10月26日ASP世界女子长板决赛在这里举办。

54

● 飘浮的新奇

跑酷 〉

跑酷即Parkour（或Le Parkour），有时简写为PK，常被归类为是一种极限运动，以日常生活的环境（多为城市）为运动的场所。它并没有既定规则，做这项运动的人只是将各种日常设施当作障碍物或辅助，在其间跑跳穿行。目前有多种中文译法，除"跑酷"外，还有"暴酷""城市疾走""位移的艺术"，我国香港译作"飞跃道"。这个运动是由法国的大卫·贝尔所创立的，它能使人通过敏捷的运动来增强身心对紧急情况的应变能力，这点和武术近似。不同之处，武术虚拟格斗反击，而跑酷虚拟紧急脱逃。

它诞生于20世纪80年代的法国，"跑酷"一词来自法文的"parcourir"，直译就是"到处跑"，此外它还含有"超越障碍训练场"的意思。跑酷把整个城市当作一个大训练场，一切围墙、屋顶都成为可以攀爬、穿越的对象，特别是废弃的房屋这项街头疾走极限运动，非常具有观赏性，有点"自由奔跑"的意思，它们的区别在于

"自由奔跑"更讲求表演、观赏性，而跑酷要求速度、实用性。配合猿猴一样的灵活攀越。有人认为这是一门艺术。配合出其不意的动作绝对超出了常人的想象，绝对是视听盛宴！不过这项运动的热衷者倒更愿意把它看成是一种青年亚文化所倡导的生活方式。跑酷不只是对身体有利，思想也是很重要的。当在练跑酷的时候，你要非常的专注。学习跑酷会让人明白，怎么克服自己的恐惧，加强克服困难的能力，不断提升自己和突破障碍。

• **基本技能**

1. 韧带要求——最重要的项目，尤其是针对腿（劈腿）、手臂和腰部（拱桥）而言。

2. 弹跳能力——可以利用蛙跳来锻炼，慢慢地从矮到高、近到远，而且要锻炼着地的准确性。

3. 落地即起——十分强调距离感的项目。人在远处或高处跳跃落地时，再利用侧滚马上站起来或继续下一个动作。

4. 手/肘弹跳——在奔跑的过程中碰到角落及障碍物，或要加大跳跃距离时，利用手或肘部在墙壁上的推动来增加跳

跃的距离。

　　5.准确/精确跳跃——锻炼从一个目标跳到另一个目标。从开始的近距离到最远的距离跳跃，是为了锻炼着地的准确性。

　　6.翻墙——最基本的锻炼。一阵轻松的助跑之后，快到目标时力量开始上提，先利用一个脚顶着墙壁，然后手抓着墙。再马上用另一只脚推墙，将第一只踏墙的脚顶上去，双手再助力一下。一般分成正面双手按跳上去和背坐式转身上去的。

　　7.TIC-TAC——锻炼时最常用到在避开一些障碍物的普通手法。速度不能减低太多，在跑的过程中，当你前面出现一口井，那就踏着井口附近的树或墙面，弹过去再继续向前跑。整个过程只能用脚，手不能用！高手可以踏四五次翻过去；当跑步方向与墙面平行，比如巷道里边，如果前面路被挡住，则借助墙面，在墙上跑几步，然后落地继续。

　　8.手/肘弹跳后手抓——锻炼手的反应速度。利用手跳之后马上再利用手继续快速地抓住下一个目标！也可以用一手跳一手抓或两手从一个墙壁推弹后去抓另一个墙壁等。

9. 降落练习——高运弹跳之后，落地时只利用双腿来缓冲，而不能利用侧滚来继续下一个动作。

10. 盲跳——这个比较危险。在熟练准确性跳跃之后，在某些情况下的跳跃过程中可以闭上眼睛，但是照样能感觉到自己要降落的目的地；只要你跳跃之前已经扫描过目标位置，然后在跳跃的过程中根本就不去理会目的地，这个就是盲跳。

11. 前空翻及后空翻——要求是在做完360度的前空翻及后空翻都要尽量回到原位。

12. 前翻及后翻——可以用手来支撑。要求也是在做完360°的前翻及后翻后都要尽量回到原位。

13. 平衡感——最常见的用手倒立。最好的方法就是倒立后往反方向用手走到目的地。

14. 侧空翻——有180°、360°和540°等。也有交叉翻或空中定型翻（就是空中翻到一半时，在空中突然慢下来再着地）。

15. 猫跳跃——学猫的动作那样。从一面墙跳到另一面墙时学猫的降落方法！一般有两种方法，脚滑法和手抓法。

16. 猩猩跳跃——常见的基本功。像猩猩一样，在奔跑的过程中用我们的双手按着障碍物然后双脚打开跨过去。

17. 精确度及平衡训练——在一根管子上来回行走及学猫爬。

18. 插入练习——在奔跑的过程中利用单脚或双脚甚至身体任何一个部位先开始冲进一个进口处，如：天窗、窗口等。

19. 空翻/手翻过障碍——一般先从侧翻开始的。高度都是以腰部的高度先开始的，刚开始可以先用手撑一下或让朋友在旁边帮忙推一推。

20. 单杠练习——可以用来锻炼手抓力量。对一般想练空翻的朋友来说，先从单杠中找出在空中翻身或转身的感觉是最安全的。

轮滑 >

轮滑，又称滚轴溜冰、滑旱冰，是穿着带滚轮的特制鞋在坚硬的场地上滑行的运动。今日的滚轴溜冰者主要使用直排轮，又称刷刷、66（直排旱冰爱好者对这项运动的别称，来源于溜冰中轮子和地面摩擦时所发出的声音，同时也称溜冰鞋为"刷子"，称在马路上溜冰为"刷街"，而66与溜溜同音，更有趣味也更加顺口，多为爱好者的互称）。因此直排轮也几乎成为了轮滑运动的代名词。

• 历史起源

溜冰鞋最早出现于公元1100年，由苏格兰人Dutchman利用骨头装在长皮靴脚掌上帮助猎人完成只有在冬天才能进行的打猎的游戏。他希望能在夏天模拟出冬天溜冰，于是把敲钉的线轴长条木附在他的鞋子上。这一年在爱丁堡组成了第一个溜冰俱乐部。

下一款的新鞋出现在公元1760年，一位伦敦乐器制造商约瑟夫·梅林（也许是第一位真正发明单排轮的人）决定制造金属的有轮子的长靴。一天他去参加舞会，他从入口溜冰进去演奏小提琴。不过在还不知道如何刹车以及如何控制那双附有轮子的鞋子情况下，撞向了一面价值500英镑的镜子（当时的镜子可比金子还贵），撞得头晕目眩，人严重割伤，提琴毁了都无所谓，问题是那镜子他赔得起吗？他在一面巨大的镜子前结束溜冰表演，直到这舞会结束时他仍没有想到该如何刹车停止和掌舵方向。的确，排滑轮鞋的要领不是如何起步，而是如何停止。

法国发明专利中记载了1819年M.Peitibled发明的第一双单排滑轮，那双鞋的构造是由2~3个轮子组成一直线，但是这构想未到达到预期的"流行"，以不了了之收场。1823年伦敦的RobertJohn设计一双溜冰鞋称它"rolito"，将五个轮子放置成一排装在一双鞋的底部，但是也

59

未得到推广。

1863 年，美国的 Plimpton 制造出一双四轮的溜冰鞋且轮子并排，溜冰轮鞋可以转弯、前进和向后溜冰，这就是最传统的溜冰鞋，1884 年，滚珠承轴轮子的发明使得溜冰运动蓬勃发展。1892 年，国际轮滑联盟在瑞士成立，轮滑运动在正规

为了在球季继续练习，便将轮子装在刀底座之内，产生了第一双单排轮滑鞋，这种轮子排列成一条直线的溜冰鞋学名为 In-Line Skate，成为今天单排轮滑正式名称。1984 年，RollerbladeInc 开始研发各种不同用途的轮滑鞋，Rollerblade 一直是国际飞轮业界领导品牌，1994 更把 ABT 简易刹车系统带入市场，就是我们今天看到的单排轮滑。1995 年，ESPN 第一届极限运动更把特技单排轮滑运动推向了全世界，特技单排轮滑运动起源于美国，其特技鞋也不同于普通单排轮滑，是在单排轮滑附加了许多配件。最终使单排轮滑更好玩，更刺激。

化、国际化发展道路上迈出坚实的一步。

1924 年 4 月 1 日，英、法、德、瑞士 4 国代表在瑞士蒙特利尔成立国际轮滑联合会。1926 年举办了有 6 个国家参加的第一届欧洲轮滑锦标赛。直到 1980 年，美国明尼苏达州两位热爱冰球的兄弟，

• 轮滑的分类

现代轮滑运动分为极限轮滑、速度轮滑、花样轮滑、自由式轮滑和轮滑球五大项。

极限轮滑：极限轮滑也叫特技直排轮。极限轮滑深受现在年轻人的追捧。主要分

为街式和专业场地，专业场地分道具赛，和半管（U形池）。轮滑是一项休闲运动，但同时也是竞技项目，随着它的不断完善，目前已形成多项轮滑竞技项目，目前的全运会已出现轮滑的身影了。

速度轮滑：以单排、双排轮滑鞋为比赛工具的竞赛项目，分场地跑道比赛和公路比赛两种。世界锦标赛场地跑道正式比赛距离为：300米计时赛、500米淘汰赛、1000米、5000米、10000米积分赛、20000米积分赛；公路比赛包括女子21

千米半程马拉松赛、男子42千米马拉松赛。场地跑道像自行车场一样呈盆形。

花样轮滑：花样轮滑的开创，其实最早是为了能让花样滑冰选手在无冰的情况下也能够训练，而后才发展成了一项独立的运动。分为规定图形滑、单人滑、双人滑、舞蹈和团体5个项目。比赛在不小于50米长、25米宽的场地上进行。根据动作的难易程度、舞姿的优美程度打分确定胜方。

自由式轮滑：其中最有代表性的就是

平地花式（简称平花）。其他还包括速降、FSK、休闲、花式刹停、跳高、轮舞。平地花式包括花式绕桩和速度过桩。世界轮

感受风驰电掣般的刺激。

休闲轮滑：就是俗称的刷街。是一种穿着轮滑鞋漫步于室外，感受轮滑带给人

滑皇帝圣巴斯蒂安简称 SEBA，可以说是平地花式的鼻祖。平地花式以障碍滑雪为灵感基础，再加上轮滑特有的元素，才慢慢发展成了现今的模式。

速降：是一种相对刺激的类似速滑的轮滑形式。一般选择在比较陡峭的公路或山路进行。速降者在佩戴好全套护具之后，靠路面的倾斜给予动力，人体自由下落，

的轻松、愉快和自在的轮滑形式。它主要以休闲健身为目的，放松自我，舒畅心情。

轮滑球：轮滑球早在 1896 年就已经在英格兰出现了，算得上是历史最悠久的轮滑运动。轮滑球融合了冰球和马球两种运动项目的特点，以个人技巧和团体协作为基础，比赛规则宽松，具有很强的对抗性。

• 轮滑的优点

娱乐性：比较大众化的轮滑鞋可分为速滑鞋、平花鞋、极限鞋、速降鞋、休闲鞋、越野鞋等，都有很强的娱乐性，从速度或技术上的都很是有趣，并且既可以个人单独练习也可以群体游戏。所以无论是平时休闲运动抑或朋友、同学之间举行的

尚的健康运动。

健身性：轮滑是一项全身性运动，它能促进心脑血管系统和呼吸系统机能的改善和代谢作用的加强，例如促进心脑血管系统和呼吸系统机能的改善和代谢，能增

小型比赛，通过轮滑这项运动，可使人们从平时紧张、繁重的学习和工作中解脱出来，适当进行一些活动，从而达到身心放松的目的。

环保性：轮滑运动本身不会产生任何污染，倡导了健康的环保理念，是一项时

强臂、腿、腰、腹等各处肌肉的力量和身体各个关节的灵活性，特别是对人平衡能力的掌握上有很大的帮助和协调。同时，轮滑也是一项健康的有氧运动，一般来说轮滑的最大氧气消耗量（测量运动强度的基准）是跑步的 90%，而保持有氧运

动的最佳强度很有效果是保持 23km/hr 的速度滑轮滑时测量的心跳数是最大心跳数的 74%，这属于典型的有氧运动，可以达到强化心血管和燃烧脂肪的效果。所以，也有越来越多的女孩子把轮滑作为一项改善体形、减肥塑身的运动。

工具性：除了上述的特性外，轮滑还具有很多体育项目所不具备的一个特性，就是它可以当作交通工具。一般情况下，在平整的路面上，轮滑都可以代步成为交通工具。当然抓地性会因路况的不同而有所不同，但基本上是没有问题的。在交通越来越拥挤的今天，轮滑已经为一种流行和时髦的交通工具。当然，还是要提醒大家，滑着轮滑穿梭于车来人往的大街上时，一定要注意交通安全。

安全性：作为一种非常受欢迎的运动，轮滑除了拥有极限运动所均有的娱乐性和刺激性外，非常重要的一个原因就是轮滑有着较强的安全性。美国麻省大学最近的研究报告中，提出了一项惊人的发现：直排轮鞋运动对关节所造成的冲击力较跑步对关节的冲击力低约 50%。这主要是因为滑轮滑与跑步不一样，轮滑踏步的时候引起轮子的转动，采用聚氨酯制成的轮子的弹性对关节冲击很小，因此老年人

和小孩子也适合这项运动，而且戴上头盔和护具，摔倒后受伤的危险性很小。

经济性：作为一项简单经济的运动，大家在玩轮滑的时候除了初学时需要贮备的轮滑鞋和护具外，几乎不用再花费其他费用，这些运动器材的使用寿命也很长，无需一直更换。而且轮滑不像游泳网球等运动一样，需要特定的运动场所，需要花费一笔价格不菲的会员费，办理会员卡进入专业场练习等。

方便性：就像第五条中提到的一样，轮滑不需要特定的运动场地，甚至专门有在公路上举办的轮滑公路赛等赛事，这些都展现出了轮滑这项运

动的方便快捷性，同时，轮滑的另一大特点就是环保，既不消耗能源也不造成环境污染。所以玩轮滑基本没有什么顾虑，只要你想玩，就没有什么可犹豫的，找到一块平整的路面就可以享受轮滑带给你的乐趣了。

刺激性：虽然轮滑是相对危险系数较低的一项极限运动，但这其实仅限于业余休闲的玩家来讲的，极限轮滑仍是一项非常具有挑战与刺激的运动。极限轮滑主要分为街式极限轮滑和专业场地极限轮滑，而专业场地的比赛又可以分为道具赛和半

管赛。这些比赛主要是做些危险动作，比如下梯、跳台、空中动作。评委根据动作的难度和完成情况来评分，在观众大饱眼福的同时也绝对能让你体会到轮滑无与伦比的刺激性。

观赏性：花样轮滑最初的出现是为了进行花样滑冰的训练，所以二者的观赏性也几近相当。轮滑的另一个项目——平地花式轮滑同样极具观赏性。从事平地花式轮滑时，运动员穿轮滑鞋灵活运用各种灵活多变的步法绕过放置在地上的障碍物，动作敏捷、灵巧，往往让观众惊叹不已，

67

掌声不断。而速度轮滑则与跑步类似，更多注重的是速度，以至于在轮滑的三个单项中是观赏性相对较差的一项，但由于运动的高速度和高难度，使得速度轮滑看起来仍是非常精彩。

• 鞋的保养

平常应做到：1.切勿在草地、泥地上经过，因为这样做会让碎石磨损轮滑鞋的轮子，而且沙子会跑到轴承中，需要经常清洗。2.下雨天尽量不要玩轮滑，因为水会让轴承生锈。3.轴承生锈了须买一小瓶润滑脂（机油也可）。首先用汽油把轴承里

只要滚珠上都覆盖一层就可以。4.滑行频繁的话建议两周保养一次轴承，不频繁的话可以一个月保养一次。5.如果出现轴承有响声，但是转速不受影响的情况，可以不用清洗。因为这种情况有可能是由于过度滑行或过度震动造成的轴承自身结构发生变化产生的响声，所以这时候清洗轴承反而容易造成轴承转速大大减小，甚至是不转了。如果想要减小噪音，可以适当地涂抹点润滑脂。

轮子会随着使用时间的增加而渐渐磨损，所以轮滑鞋保养最重要的是轮子的检查，滑行频繁的话最好每周检查轮子一次，查看轮子的磨损程度，如果轮子有某一边磨损较严重，则须早一点调换位置，不然轮子可能会因为偏刃而废掉。

轮子的调整：调整轮子不是每双鞋都是一样的，因为每个人的滑行状态和滑行风格都不尽相同，所以轮子的磨损程度及调整方法也不相同。一般情况下，小孩子

里外外彻底地清洗干净，然后把润滑脂涂抹在轴承里面的滚珠上，不用抹得太多，

穿的儿童鞋轮子调整方法是，把左右脚的轮子相互调换，同时也把轮子的内外面翻转一下。也就是说左脚4个轮子的外侧放到右脚的内侧，右脚4个轮子的外侧放到左脚的内侧。

但是如果是玩平地花式的朋友，因为穿的鞋是平花鞋，轮子是"香蕉轮"，所以调整起来就比较麻烦。一般情况下，参照以下步骤：先把轮子编号，并在轮子两侧做上记号。(假设从脚尖到脚跟4个轮子依次是1、2、3、4、号)；把左脚的1号轮子与右脚的4号轮子互换，而且轮子的内外侧也做调动(翻转)。根据这个规则，再将左脚的2号轮子和右脚的3号轮子互换，接着左脚的3号轮子和右脚的2号轮子互换，最后，左脚的4号轮子和右脚的1号轮子互换。特别注意的是调换轮子的动作只需要半个月到一个月做一次就可以了。如果轮子的一侧出现明显的磨损状况就要马上调整轮子，不然任其发展的话该轮子就废了。

护具的清洗：直排轮运动是耗费体力的运动，运动后若将吸了汗的护具放着不管，就会散发出可怕的异味。除了安全帽之外，像护手护肘等护具，不但容易吸汗，跌倒时更容易沾上污垢，因此很快就变得又臭又脏，因此必须每隔一段时间清洗一次。内衬的清洗步骤步骤一：将衬垫类放在洗衣盆里加温水。步骤二：再加入浸泡专用、不必冲洗的洗涤剂。步骤三：浸泡

一个晚上，第二天再取出，放在阴凉处晒干即可。记得要用温水，若用冷水或热水浸泡，会造成衬垫破损。

更换刹车片：一些儿童鞋的鞋后跟上的刹车装置如果经常使用，很快就会磨损，一旦磨损严重，踩刹车时容易失去平衡，还可能导致刹车不灵，因此刹车片磨平之后，必须马上更换。

• 安全措施

1. 练习轮滑前，应先做好准备活动，尤其是手腕和下肢各关节及韧带要充分活动开。2. 如有可能，应戴一些防护用具，如轮滑专用的护腕、护肘、护膝及头盔等。现在很多体育商店都有这种轮滑的专用护具。3. 练习前要检查轮滑鞋的螺丝等紧固部件，以免滑行中因轮滑鞋出问题而

受伤。4. 初学者应在初学场内或规定范围内练习，或尽可能在人少的地方练习，不要任意滑行。初次学习轮滑时，最好有滑行熟练的同伴或辅导员进行辅导。5. 禁止做危险或妨碍他人的动作，特别是在人多的公共轮滑场内，如几人拉手滑行，在速滑跑道上逆行或与大家滑行方向逆行，乱蹦乱跳，在场内横插乱串，追逐打闹，突然停止等，这都是既妨碍他人，又容易发生危险的事情。如果在公路上滑行，更要注意交通安全，最好在人少车少的地方练习。6. 学习轮滑时摔跤是不可避免的，但要学会在摔跤时做自我保护。方法是：当要向前或向侧摔倒时，要主动屈膝下蹲，用双手撑地缓冲，减小摔倒的力量；当要向后摔倒时，也要主动屈膝下蹲，降低重心，尽量让臀部先坐下，并注意保护尾骨处，同时低头团身，避免头部向后仰磕地；摔

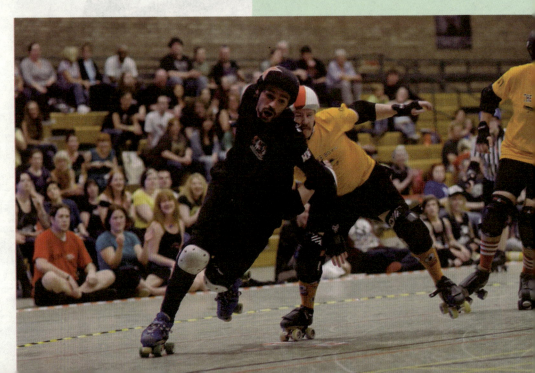

倒时应尽量避免直臂单手撑地，这样很容易损伤手腕。

7. 患有严重疾病的人（如有心脏病、高血压等）不宜参加激烈的轮滑活动，最多可以慢速滑锻炼一下。此外，饮酒后和过度疲劳的人也不宜参加轮滑活动。

• 轮滑技巧

站姿：一种是普通的平行站立，即将两只脚平行稍窄于肩，双膝微弯以保持重心，以脚踝的力量控制好，不要让脚左右摆动，要保证轮子垂直地面。穿专业平花鞋平行站立时因为鞋的结构设计影响，两脚会自然地向外压外刃。第二种是应用于非平整地面的丁字形站立（也叫 T 字形站立），即一只鞋的最后一个轮子抵在另一只鞋的第二和第三只轮子之间，双膝微弯，双腿之间稍有间隙，以保持重心，仍然是以脚踝控制鞋子。

起步：从 T 字形站姿起步，让一只脚保持前进姿势，脚尖向前，另一只脚向身体侧后方蹬地推出，就会有前进的力量。

此时身体的重心应完全放在前脚上，身体稍向前倾（不是驼背），这样后脚的发力收回过程才能顺畅。后脚收回后，换另一只

脚向身体侧后方蹬出，重心位置依然放在前脚上。以此类推。

滑行：滑行时为保持较好的平衡，要尽量屈膝弯腰。目的是稳定重心和便于发力。

身体的重心：滑行时身体的重心要始终稍向前倾，随着两脚的不断交替，重心要不断地转移。当一只脚向侧后方蹬出时，身体重心必须完全放在另一条腿上，这样才能保证蹬出的腿很顺畅地收回来。当这条腿收回落地时，重心马上转移到这条腿上，再把另一条腿蹬出。切记每次蹬腿时身体重心都要完全放在另一条腿上。如此循环。

滑行姿势：双膝微弯，身体稍向前倾以保持重心。滑行速度越快，屈膝弯腰的幅度越大。标准的速滑姿势为双手自然背后（无摆臂的情况下），背部与地面平行，大腿与小腿弯曲角度不大于120°。

停止：以上述姿势滑行，双脚靠近保持平行，有刹车块的脚稍稍向前，使两脚距离相差约有半个脚，提起脚尖直到刹车块碰触到地面，然后慢慢将重心移到有刹车块的脚，增加压力，直到停下来。

12星座最适合的极限运动

知道吗，不同的性格也决定了你适合哪种极限运动哦。来看看以下的简单星座分析做做选择吧。

白羊座：白羊座是爱冒险的星座，只要是刺激的运动都想参与，可尝试高空弹跳等极需要胆量的极限运动。

金牛座：循序渐进的金牛座，可选择一些能培养出自己嗜好的运动，如漂流等有氧运动量较大的极限运动。

双子座：好奇心强烈的双子座，不妨参与一些新奇的运动项目，如越野雪板、风筝冲浪、滑板、滑板车等刺激又好玩的极限运动。

巨蟹座：家庭观念甚重的巨蟹，最好就是以做家务的方式去运动，扫地、擦窗户就算了，极限运动看来并不适合你。

狮子座：狮子座的腰与腹部容易囤积脂肪，因此攀岩是他们的最佳极限运动，另外如 BMX 小车亦是不错的选择。

处女座：处女座对于自己的体形非常重视，建议处女座的朋友深海潜水，这会使你的身材维持最好的状态。

天秤座：天秤座是天生的购物狂，因此血拼是他们最爱的运动，当然，说到极限运动，还是风浪板比较合适。

天蝎座：天蝎座活力充沛，适合富有爆炸性的运动，如跳伞等讲求速度与技巧的极限运动。

射手座：射手座新陈代谢率高，通常都喜欢运动，定向越野、绳降等极限运动最适合他们。

魔羯座：魔羯座的朋友适合休闲类的运动项目，如滑翔风筝等极限运动。

水瓶座：水瓶座非常沉迷于电视，建议你可以参加热气球的极限运动，使自己能边观赏景色边运动。

双鱼座：双鱼座的人适合一些思想性的运动，如蹦极，想清楚了再跳下去吧。

小轮车 〉

小轮车源于20世纪60年代的美国。一开始人们只是在泥场地里竞速，但很快爱好者们觉得仅此过于简单。后来有一个叫BOB HARO的年轻人就在前后轮的两旁安装了4根金属管以满足作出各种花样动作的需求。这位年轻人后来成了世界知名自行车品牌HARO BIKES的老板。

那4根金属管也变成了现在小轮车必不可少的重要部件——火箭炮。

其实与我们熟悉的自行车大同小异，只不过材料、性能不同而已：特型材质的车身，更结实、更轻巧、抗震、耐摔。小轮车一般是20英寸（一般的自行车是28、26和24），它的比例与人的比例刚好适应，更能满足花样玩法时对轻与巧的要求。另外它的车胎粗而耐磨，刹车性能更高（突停、缓停、耐用），其独特的车把旋转设计，可以360°旋转，当然你多转几圈，1440°怎样？它的"脖子"也折不了！

• 起源发展

小轮车即自行越野车。因其轮胎比较粗而且比赛的赛道也和越野摩托车所用的赛道十分相似而得名。

小轮车运动起源于20世纪60年代的加利福尼亚，在很短的时间里它便以其独特的魅力征服了全美国。对那些越野摩托车可望而不可及的青少年而言，这项运动可以使他们体会到在自建的越野跑道上驾车飞驰的美妙感觉。虽然使用的是自行

车，但不妨碍他们充分体会那瞬间的撞击所带来的刺激与兴奋。对于青少年来说，小轮车的花销相对低廉而且也不用去离家太远的练习场。

70年代初，美国建立了最早的小轮车组织，这也被认为是小轮车成为正式运动项目的标志。在其后的10年间，小轮车运动又传入了其他一些国家。1981年4月国际小轮车联盟正式成立，1982年举行了第一届世界小轮车锦标赛。到这时小轮车这一独特的运动项目便在全球范围内迅速发展起来。由于这项运动与自行车运动有较多的相似，1993年小轮车正式成为自行车运动大家庭的一员。继美国之后在欧洲的一些国家和澳大利亚小轮车也有蓬勃的发展，但美国仍是这个项目的超级强国。

小轮车发展至今，已经脱离了单一在

练车场中进行比赛，而衍生了更多的项目。具体分为5种：第一种是最原始的泥地竞速比赛。第二种泥地跳跃比赛，利用泥土做成的坡度进行跳跃花式比赛。第三种称为街道比赛，利用模仿街道障碍的道具场地进行比赛。第四种半管道比赛，在半管道场地里进行跳跃花式比赛。第五种平地花式，在指定的平地里利用小轮车做各种平衡滑行的动作进行比赛。

• 表演项目

观赛礼仪：小轮车比赛的观众要注意保护自身安全，不得拥挤推搡，不得冲入赛道，需要自备必要的避暑防晒物品。

踏蹬：自行车运动的踏蹬方法有自由式、脚尖朝下式和脚跟朝下式三种。自由式踏蹬方法：一些优秀运动员大都采用自由式踏蹬方法。这种踏蹬方法，就是脚在旋转一周的过程中，根据部位不同，踝关节角度也随着发生变化。脚在最高点A时，脚跟稍下垂8～10°，踏蹬力量是朝前下方；用力逐渐加大到B点时，脚掌与地面平行时，踏蹬力量最大；再向下，用力逐渐减小，进入下临界区，肌肉开始放松，脚跟略向上抬起，到C点时，脚跟逐渐上提到15～20°；当脚回转到D点时又与地面平行，往上行，脚跟又向上提起。重新进入A点。自由式踏蹬，符合力学原理，

用力的方向与脚蹬旋转时所形成的圆周切线相一致，减少了膝关节和大腿动作幅度，有利于提高踏蹬频率，自然地通过临界区，减少死点。大腿肌肉也能得到相对的放松。但这种踏蹬方法较难掌握。

飞小台：以一个50厘米高的锥形小台为例。不要以为速度慢会安全点，速度太慢起跳时很可能前轮已经开始下降但后轮还在台上没出来，这样连车带人很可能来一个前滚翻——此时的感受可不是那么好受。飞之前先感受一下速度，由起步点从飞台的旁边骑过，计算出合适的速度。然后就要下定决心去飞了，由起点开始加力，到飞台前约5米停脚，调节速度，选

好起飞路线。当前轮上台时身体重心后移，双腿往下用力压。当前轮离台后双手往后拉紧，千万不可像骑越野自行车那样放松双手，这样很可能会车头先着地，然后人车来个前滚翻。当车完全离台后，身体放松，车两轮同时着地；也可以在车离台后双手上拉、双脚下蹬，这样可以后轮先着地。飞小台最容易出现的是失去平衡，当你发现着地前车往一边侧得很厉害时，以你自己的能力以无法救回来的时候，最好是把车扔掉，这时离地的高度不高，逃出

来可避免跟车一起摔到地上。

飞梯形大台：以一个120厘米高台面3米长的梯形台为例。飞这样的台心理压力比飞小台的大得多，远看飞台的起跳面像一堵墙一样。其实它的起飞技巧与小台相同，最重要的是要对准起飞路线，不要斜着飞，这样很可能会飞离台，车直接着地，你可以想象一下你飞到3米高后直接着地的情况。另外要注意的是大台的起飞距离长了，人容易被抛起，造成起飞时人车的重心在前，前轮先着地。飞大台的下台技巧跟飞小台不一样，因为起飞的速度高、飞台的高度也高，能轻巧地着地变得非常重要，最好的方法是能顺着飞台的斜坡下来。先要找到合适的起飞速度，太慢了车只能在台面上下来，太快了车飞离了台。当你起飞后觉得车快要到斜坡的上空时，手往下压，以车头先往斜坡的方向插，速度不够时车头下压后可用脚提一下后轮，这样可避免后轮撞到坡顶上，但速度太快时就不要这样做了。

飞连台：所谓的连台是从前一个台起飞，后一个台下来，或者是利用下台的速度再飞下一个台。这类型飞台的技巧要求比较高，但最重要的其实是心理。很多人都害怕两个台之间的空位，怕飞不过的时候前轮撞到第二台上。其实能不能飞过去你只要看一看你飞梯形大台的距离就可以知道了。通常飞这类台摔跤都是因为速度太快，飞过了下台引起的。

• 运动要领

运动员要想在比赛中创造良好的成绩，首先要掌握正确的自行车操作姿势。轻松自如地操作，可降低能量消耗，避免不必要的肌肉紧张，保证力量和技术得到充分发挥。

正确的骑车姿势是：上体较低，头部稍倾斜前伸；双臂自然弯屈，便于腰部弓屈，降低身体重心，同时防止由于车子颠簸而产生的冲击力传到全身；双手轻而有力地握把，臀部坐稳车座。正确的骑车姿势，在相当大的程度上决定于车辆的尺寸、车座和车把的位置，运动员的身材大小及身体各部分的结构。影响骑车姿势的因素可分为车的因素和人的因素。车的因素有车架大小、车座高低与前后、车把倾斜角度和把立管长度等 5 个方面；人的因素涉及到腿长、臂长和躯干长度。腿的长度决定车架的高低；躯干长度和臂长的总和决定车架的长度，曲柄的长度则与训练、竞

赛场地有关。坡度大、弯道多的路面需要曲柄短些，反之，曲柄可长些。为了保证正确的骑行姿势，运动员必须根据自己的实际情况，做好车辆的选择、车座的选择、车座的调整和车把的调整。

车座的选择：自行车运动员能平稳地骑行前进，是依靠车把两端和车座三个支撑点形成一个平

面，来维持平衡的。在这三个点中，车座是主要支撑点，它承受着大部分身体的重量。为了充分发挥踏蹬技术，运动员的坐骨结节需要支在车座上，所以，必须根据个人骨盆解剖构造来选用适合的车座。坐骨结节间距离宽的可选用宽车座，坐骨结节间距离窄的可选用窄车座。如果坐骨间距离宽选用了窄车座，车座就会嵌入坐骨之间，使座骨神经和肌肉过度紧张，破坏骑行姿势和正确的踏蹬动作。车座的选择还要考虑到

骑行距离长短和运动强度大小。赛车场距离短，强度大，骑行时肌肉、神经高度紧张，可选用窄车座。公路训练和竞赛，骑行时间长，可选择与坐骨接触面较宽的车座。女运动员由于生理特点，不论公路与场地，都应选择较宽而柔软的车座。无论男女运动员选用的车座平面都要绷紧，不能有明显凸凹现象，以免影响正确的骑行姿势。

车座的调整：车座前后的调整。先将车座固定在水平线上，然后再调整车座前后。根据运动员大腿长度，把座子前端调整到中轴垂直线后2～5厘米处。大腿长，车座应多向后移动，大腿短，车座稍向前移动，但车座前端一般不超过中轴垂直线

后2厘米。车座高低的调整。运动员坐稳车座后，用脚跟蹬住脚蹬，当脚蹬到最低点时，腿应正好伸直，既不感到过分伸脚，也不使膝关节有弯曲。调整好的车座，应使运动员在踏蹬中，踏蹬到曲柄与地面平行的位置时，膝关节垂直线能正好通过脚蹬轴的中心。踏蹬到最低点时，膝关节能稍有弯屈，以利肌肉在紧张之后可得到暂时休息。经过几次骑行检验，如感到用力合适，就可固定下来。车座固定后，要把有关的测量数字记录下来，作为以后更换车座或车辆时的依据。

车把的调整：车把的调整对调整骑行姿势很有意义。调整车把的宽度应与运动员的肩宽大体相同，一般为38～41厘

米。如果宽于肩，会增加风的阻力，窄于肩，胸腔会受到挤压，影响正常呼吸功能。车把的高度，应根据运动员上体尺寸和臂长来决定，并注意专项的特点。公路运动员用的车把可略高些，场地运动员用的车把可稍低一些。合理的车把高度是使公路运动员的上体角度（即通过髋关节的水平线和髋关节中心至颈椎中心连线）保持在 35°～45° 之间；场地运动员的上体角度保持在 20°～30° 之间。把立管的长度，最好是当运动员踏蹬到曲柄与地面平行的位置时，肘关节与膝关节能稍稍相碰。

车子各部分间距离调好后，不要轻易改变，特别是在比赛前不宜变动，否则，会破坏已形成的动力定型，影响运动员在比赛中发挥正常水平。正确骑行姿势的形成要通过专门训练，每次训练课都要严格要求，不论高速骑行或是终点冲刺，都要保持正确的骑行姿势，万不可忽视。

● 自行车集锦

自行车是人类发明的最成功的一种人力机械，是由许多简单机械组成的复杂机械。1791年第一架代步的"木马轮"小车被法国人制造出来，这辆最早的自行车是木制的，它的结构比较简单，既没有驱动装置，也没有转向装置，骑车人靠双脚用力蹬地前行，改变方向时也只能下车搬动车子。

自行车通常称为"自行车"或"脚踏车/脚车"，在我国香港、澳门、广东等粤语区则通常称为"单车"。

从诞生至今，自行车不但是人们出行的主要代步交通工具，随着200年来的演化进步，自行车功能与设计也与时俱进，成为人们竞赛、运动健身、自我挑战与休闲旅游的良伴，外观与种类也开始多元百变！下面详细介绍一下自行车种类。

通勤（普通）自行车：一般民众用来通勤单速的车子，骑行姿势为弯腿站立式，优点是舒适度较高，长时间骑行不易疲乏。缺点是弯腿姿势不易加速，且普通自行车多采用非常普通的零件，也难达到很高速度。

旅行自行车：由公路自行车发展而来，轻便，舒适，耐用。车架几何以舒适稳定、操控灵活为要求，骑行角度舒服，多握点的蝴蝶把有助骑行中随时变换姿势，有很低的最低挡位，使用700c系统，较宽的车胎，阻力中等，能够负重，可适应大多数地形，且易加装骑行安全配件，有多功能前后行李架（货架）设计，配件选择方面追求可靠耐用，适合超远程长途休闲式旅行。

山地自行车：山地自行车起源于1977年美国旧金山，设计为骑乘于山区的车种，为骑乘于山区的路况而设计，常规结实的钻石型车架；有些会在车架安装避震器，一般会配置平把或燕把，优点是双手握把时张得较宽，有利于操控，山地自行车轮组直径一般是26英寸，轮胎花纹粗且宽，能更好地体现其抓地力，适合越野，稳定性好，胎压较低，确保其在山地骑行时安全、整体强度较大、抗冲击能力强，相比普通自行车强力骑行时更不易损坏。

公路自行车：公路车又称为跑车，速

度快，帅气！主要特征：可减低风阻的下弯把手、一体式刹变把、较窄的高气压低阻力 700c 公路车胎、无避害震器、专用公路车变速系统，在公路上骑行时效率很高，而且公路自行车是最为优美的自行车。

小轮车：专门用于极限运动的自行车，这类车为了更适合特技表演而作出了不少改造，更轻量化的车身，没有刹车，车把可以 360° 旋转。

死飞车：死飞车比较准确地说法是"固定齿轮自行车"，相对我们日常的"活动飞轮"而言，大家称其飞轮为"死飞"，起源于场地自行车，飞轮是固定的，向前踩

车子向前，向后踩则车子向后，后有一些另类的自行车爱好者利用废弃的场地车作为工作交通工具，其在城市可以快速穿行，且价格低廉，同时需要一定的骑行技术，一般小偷无法偷走。这些特点使得它在英美等国家的自行车爱好者中很快流行开来，并成为一种街头文化。各大自行车品牌也陆续跟进，开发及推广死飞车车种，使之在大众中普及开来，成为都市最流行的自行车款式。纯粹的死飞车需要一定的技术，并有危险性，所以这些厂商开发的产品，是死飞和活飞两用的，并装有刹车，以保证安全。

折叠自行车：折叠自行车是为了便于携带与装进车内而设计的车种，一般折叠车有车架折叠关节和立管折叠关节。通过车架折叠，将前后两轮对折在一起，可减少45%左右的长度。整车在折叠后可放入登机箱和折叠包内，以及汽车的后备箱。有些地方的铁路及航空等公共交通工具允许旅客随身携带可折叠收合并装袋的自行车。

速降山地车：速降自行车，也称落山自行车。英文简称DH。骑行速降自行车是一种极具挑战性的活动。骑手利用特制的DH自行车在山坡上滑翔，甚至坠山来寻求刺激。活动多在山脊、矿洞、雪地等地带开展。奥地利人利用DH创造出210.4千米/小时的世界纪录。一辆优良

的速降车必须有以下这几个特点：①车辆本身，包括每个小部分，必须非常坚固；②前后避震的行程要足够长，以便应付复杂的路面；③制动和变速系统要非常稳定，这样才够安全。

越野公路车：由公路自行车发展而来，起源于骑手们想用一辆自行车同时征服公路和山地，于是骑手们选用较结实的公路车架和轮子，再安装上更强的车闸和很宽的车胎，使用山地车脚踏板。越野公路车既可以在公路上实现较高速度，也有一定越野能力。

三项赛/计时赛自行车：在三项赛和计时赛运动中使用的公路自行车，三项赛和计时赛的最大特点就是不允许使用牵引气流，也就是说选手必须完全通过自己的力量来克服空气阻力，而不可骑在其他选手后面，所以三项赛/计时赛自行车在设计时非常注重让选手保持一个减小空气阻力的骑行姿势，同时注意减小自行车自身的空气阻力。三项赛自行车还让选手在骑行时使用和跑步时相近的肌肉组，这样使从骑行到跑步的转换更容易。

场地赛自行车：场地自行车用于在室内极其平滑的椭圆形赛道上使用的自行车，这种自行车没有可逆转的飞轮，没有变速器，只配有一个齿轮，没有车闸（刹车）。使用先进的技术和器材，目的只有一个，就是让人把自行车骑得越来越快。

斜躺车：与传统设计上较不一样的自行车，通常有较大且舒适的座椅，两轮或三轮，优点是舒适，且风阻低。

协力车：双人车或多人车由两人以上协同出力，由第一位控制方向。

淑女自行车：女款的自行车，弯把，座位比车把手稍低，前方无直列横梁，适合女士骑的车子。

亲子自行车：带有儿童座椅的自行车。

水上自行车：水上自行车运动起源于加拿大，惬意、安全，它的车座高度可以调节，车把是赛车型，易于操纵，脚蹬可以前后蹬，前进或是退后一切自如，如果感到疲劳，还可停住脚，在水上"悬浮"，很是悠然自得。水上自行车骑起来很轻便，时速可达到8至11千米，但是你却大可不必为它的安全性担心，它绝不会有"翻车"的危险，而且没有严格的年龄限制，老少皆宜。水上自行车可以单人骑，也可以把两辆组合到一起，两人配合驾驶，共同前进，体验团结协作的滋味。

海滩自行车：其设计的关键是空心，自行车梁架是空心的，用来装折叠沙滩椅和遮阳伞，或者一些野餐用品。

不得不看的极限运动电影

1.《冰峰168小时》：越接近生命的极限，就越能感受生命的真谛。

1985年，来自英国的两名登山者准备征服高达2.1万英尺的秘鲁安第斯山Siula Grande峰。成功登顶后下山途中，灾难发生了。乔·辛普森不慎跌下一个陡坡，并且摔断了右腿。在他下面是万丈深渊，而向上又无法攀爬。他的同伴西蒙·耶茨只好用救生绳紧紧拉住他，并且在暴风雪中随其一起下

降……经过一段时间，维系两人生命绳子已不堪重负，随时都有同时跌下山谷的危险，况且严寒已经把两人几乎冻僵。出于无奈和对生存的无望，耶茨只好割断绳索，自己攀爬出陡壁，回到营地。就在耶茨准备撤离时，他看到了拖着伤腿回来的辛普森……

极限运动的魅力在于从自然的极限中体验超越的快感，如果你在看完这部电影后感到压抑，不妨看一段CX极限赛的视频，从快节奏的极限运动中释放一下情绪。

2.《狗镇之主》：主宰狗镇，主宰极限，主宰自我。

加州、威尼斯海滩、狗镇、粗犷干燥的街头，对于上世纪70年代生活在其中的人们来说，这是再熟悉不过的日常景致。由于遭遇史上最严重的干旱，公园中所有的泳池变成了旱池，但正是这些枯涸的泳池为一群酷爱冲浪的男孩们带来了灵感，让冲浪的技术进化到泳池壁上，给滑板加上了更为安全可靠的聚氨酯滑轮，从此极限运动的重要组成项目——U台滑板诞生了。从扑天的巨浪到废弃的码头再到城市中的水泥荒地，他们成为职业冲浪选手的梦想，也渐变为职业滑板选手的梦想，但唯一未变的却是蔑视危险与死亡的态度，生活的贫苦磨砺出他们坚韧的生存态度……

作为一部纪录片，这部电影记述了滑板运动的诞生史。从上世纪70年代美国小镇的滑板少年到如今中国的CX极限赛，极限运动已然风靡世界。

3.《暴力街区13》：跑酷不是流行世界的产物，而是心灵上的净化。

巴黎，2010 年，一堵墙把落后地区与其他地区隔离开来，那里没有法律，没有制度，并且被黑社会集团所控制，他们胆大包天，无恶不作。达米埃是警察局的一个精英，是特殊行动小组的高级督察，也是武术高手，非常善于打入敌人内部。这一次，政府交给了他一个在他职业生涯中最棘手的任务——一个具有大规模杀伤性威力的武器，一个在 24 小时内就要爆炸的炸弹被十三区最凶猛的黑帮偷走了——达米埃的任务是要除去这个大规模杀伤性武器的爆炸系统……

4.《碧海蓝天》：回归自然是极限运动的终极追求。

热爱大海的雅克，一直想与大海为伍，即使他在年少的时候，父亲因一次潜水发生意外而被大海吞噬，也没有改变贾克对大海的爱。但是在一次偶然的邂逅中，贾克认识了年轻美丽的女子乔汉娜并且爱上了她，自此之后，贾克的生活似乎变得无法掌握，贾克六神无主地徘徊在大海与乔汉娜的抉择中……

作为法国人吕克·贝松的成名作，《碧海蓝天》没有任何的商业气息，她就是一部圆梦的电影，她带着一个男人童年的印迹和对大海的眷恋、对爱对生命的思考，讲述着简单而又永恒的故事。在宁静的海岛小镇上，雅克和恩佐的友谊与战争从一枚硬币开始，童年愉快地穿梭于白色和蓝色之间，在希腊闪烁的阳光下，他们纵身一跃，各自寻找自己的梦想。

5.《残酷冰雪》：极限运动，永无极限。

本片根据真实的历史事件改编而成，1936 年，奥运会举办在即，德国纳粹需要巩固自己在国际中的名望，同时国家也需要某种主旋律精神来号召人民，于是发起全国青少年挑战阿尔卑斯山北脊的活动。然而阿尔卑斯山的北脊却是众人眼中的死亡之墙，不久之前便有两位登山者死于攀登阿尔卑斯山北脊的艾尔格峰途中，国家于是继续寻找另一组登山队伍来完成这一项艰险的任务……

电影讲述两名年轻人排除万难，攀登欧洲最高山脉，结果却遇险丧生的故事。这部电影与其他励志片理想化式的臆想结局有所不同，残酷的结局告诉我们，在冷峻无情的大自然面前，生命多么脆弱！

● 攀爬的力量

攀岩〉

攀岩是从登山运动中衍生出来的竞技运动项目。20世纪50年代起源于苏联，是军队中作为一项军事训练项目而存在的。1974年列入世界比赛项目。进入80年代，以难度攀登为主的现代竞技攀登比赛兴起并引起广泛的兴趣，1985年在意大利举行了第一次难度攀登比赛。1988年6月国际竞技攀登比赛在美国举行。1989年首届世界杯分阶段在法国、英国、西班牙、意大利、保加利亚和前苏联举行。运动员参加各地比赛，最后累计总成绩，进行排名。世界杯攀登比赛每年举行一次。随着攀岩运动的蓬勃发展，国际攀联在各大洲成立委员会，组织洲内地区性大赛。"亚洲攀委会"1991年1月2日在香港成立，第一届亚锦赛1991年12月在香港举行。1993年12月在中国长春举行了第一届亚锦赛。1987年中国登协主办了第一届全国攀岩比赛。

攀岩运动也属于登山运动，攀登对象主要是岩石峭壁或人造岩墙。攀登时不用工具，仅靠手脚和身体的平衡向上运动，手和手臂要根据支点的不同，采用各种用力方法，如抓、握、挂、抠、撑、推、压等，所以对人的力量要求及身体的柔韧性要求都较高。攀岩时要系上安全带和保护绳，配备绳索等以免发生危险。其竞赛规则主要以攀岩者的攀登时间的长短来决定胜负。自然攀岩可单人攀登，也可

几人组成相互协助攀登。人工攀岩的比赛场地可根据选手的技术需求调整岩壁支点，选手在攀登中不得借助外力，以最先到达目的地者为胜。

"会当凌绝顶，一览众山小"。攀岩运动以其独有的登临高处的征服感，吸引了无数爱好者。攀岩运动是从登山运动中派生来的新项目，也是登山运动中的一项竞技体育项目。它集健身、娱乐、竞技于一体，既要求运动员具有勇敢顽强、坚忍不拔的拼搏进取精神，又需要具有良好的柔韧性、节奏感及攀岩技巧，这样才能娴熟地在不同高度、不同角度的陡峭岩壁上轻松、准确地完成身体的腾挪、转体、跳跃、引体等惊险动作，给人以优美、流畅、刺激、力量的感受。

由于登高山对普通人来讲机会很少，而攀爬悬崖峭壁机会相对较多，且更富

93

有刺激和挑战性，所以攀岩作为一项独立的、被广大青少年喜爱的运动迅速在全世界普及开来。这项运动是利用人类原始的攀爬本能，借以各种装备作为安全保护，攀登一些岩石所构成的峭壁、裂缝、海蚀崖、大圆石以及人工制造的岩壁。由于攀登者在岩壁上稳如壁虎又矫似雄鹰，是一项极具美感和观赏性的运动，被誉为"岩壁芭蕾"。

惊险刺激是攀岩运动最根本的特点，并能充分满足人们要求回归自然、寻求刺激、从中挑战自然、挑战自我的欲望，这是它深受人们喜爱的根源。

人工岩壁的出现，使攀岩已发展到既是一项运动又是一项娱乐。在国外，各种攀岩俱乐部到处可见，每年举办大型、小型、室内、室外、成年、青少年、男子、女子等各种不同形式的攀岩比赛和娱乐活动。另外，在一些体育中心、军警训练基地以及一些特种部队中也开展了这种训练。

• 攀岩种类

按地点的不同可分为自然岩壁攀登和人工岩壁攀登两类。

1. 自然岩壁攀登：在野外攀爬天然生成的岩壁，一般是开发和清理过的难度或抱石路线，也称为传统攀登。优点：可以接近自然，充分体会攀岩的乐趣；岩壁角度、石质的多样性带来攀登路线的千变万化；由于岩壁固定，路线公开且可长期保留，所以自然岩壁的定级可经多人检测对比，成为攀岩定级的主要依据。缺点：野外岩场地处偏僻，交通不便，时间和金钱花费都较大；路线开发也比较费力。路线开发时间长后会老化。

较高；交通方便，省时省力；不可预见因素少，可以定期训练或进行专项训练；人员密集，便于交流切磋；另外，人工岩壁可以对路线进行保密性设置从而成为攀岩比赛的主要形式。缺点：缺少特殊地形，创意性少，自由发挥余地小；支点的可调性使得人工岩壁路线常变，定级主观性更强，准确度偏低，相对自然岩壁线路问题会比较尖锐，人工线路难度越大对力量要求高。

按攀登形式的不同分为以下4种。

1. 自由攀登：不借助保护器械（主绳、快挂、铁锁等）的力量，只靠自身力量攀爬。特点：此种攀登形式在中国占主导地位，较符合体育的涵义范畴，考验人体潜能。

2. 器械攀登：借助器械的力量攀登。特点：在大岩壁攀登中较为常用，对于难度超过攀登者能力范围的路线，有时也借助器械通过。其意义存在于攀登者的项目目标和活动历程中，而不在于攻克

2. 人工岩壁攀登：在人工制造的攀岩墙上攀登，包括室内攀岩馆和室外人工岩壁，多为训练和比赛使用的攀登方式，因此又称竞技攀登。优点：对攀岩者安全性

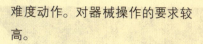
难度动作。对器械操作的要求较高。

3. 顶绳攀登：在岩壁上端预先设置好保护点，主绳通过保护点进行保护，攀登者在攀登过程中不需进行器械操作。特点：安全，脱落时无冲坠力，适合初学者使用；但对岩壁的要求苛刻，岩壁必须高度合适（8到20米）且路线横向跨度不大，由于需要绕到顶部进行预先操作，架设和回撤保护点的工作都比较繁琐。有时

为方便初学者，可在先锋攀登的路线上架设顶绳。

4.先锋攀登：路线预先打上数个膨胀钉和挂片，攀登过程中将快挂扣进挂片成为保护点并扣入主绳保护自己，攀登者需要边攀登边操作。特点：在欧洲尤其法国最为盛行，它比传统攀登安全性高，可以降低心理恐惧对攀爬的影响，从而全力以赴突破生理极限，挑战最高难度；另外，

在角度较大或横向跨度较大的路线中，先锋攀登方式比顶绳保护有更大的便利，可以让攀登者脱落后很容易地重新回到脱落处，对难点进行反复练习。

根据比赛性质的不同分为以下几种。

1.难度攀岩：是以攀岩路线的难度来区分选手成绩优劣的攀岩比赛。难度攀岩的比赛结果是以在规定时间里选手到达的岩壁高度来判定的。在比赛中，队员下方

系绳保护，带绳向上攀登并按照比赛规定，有次序地挂上中间保护挂索。比赛岩壁高度一般为 15 米，线路由定线员根据参赛选手水平设定，通常屋檐类型难度较大。

2. 速度攀岩：如同田径比赛里的百米比赛充满韵律感和跃动感，按照指定的路线，以时间区分优劣。

3. 抱石比赛：线路短小，难度较大，需要较好的爆发力和柔韧性。比赛设置结束点和得分点，抓住得分点并做出一个有效动作得分，双手抱住结束点 3 秒得分。比赛一般 4 到 6 条线路，一条线路 5 分钟时间。判定名次首先看结束点的多少，

如果结束点同样多，看得分点数量，最后看攀爬次数。

4. 室内攀岩：是在一个高而大的房间内设置不同角度、不同难度的人工岩壁，在上面装有许多大小不一的岩石点，供人用四肢借助岩点的位置，手攀脚登。室内攀岩的难易程度可由人直接控制。岩壁也分为人工岩壁和天然岩壁。人工岩壁是人为设置岩点和路线的模拟墙壁。可在室内和室外进行攀岩技术的训练，难易程度可随意控制，训练时间比较机动，但高度和真实感有限。天然岩壁是大自然在地壳运动时自然形成的悬崖峭壁，给人的真实感

和挑战性较强，可自行选择攀岩的岩壁和攀岩路线及攀登地点，而且天然岩壁的路线变化丰富，如凸台、凹窝、裂缝、仰角等，让你体会"山到绝处我为峰"的感受。

- 动作要领

抓：用手抓住岩石的凸起部分。

抠：用手抠住岩石的棱角、缝隙和边缘。

拉：在抓住前上方牢固支点的前提下，小臂贴于岩壁，抠住石缝隙或其他地形，以手臂和小臂使身体向上或向左右移动。

推：利用侧面、下面的岩体或物体、以手臂的力量使身体移动。

张：将手伸进缝隙里，用手掌或手

指曲屈张开，以此抓住岩石的缝隙作为支点，移动身体。

蹬：用前脚掌内侧或脚趾的蹬力把身体支撑起来，减轻上肢的负担。

跨：利用自身的柔韧性，避开难点，以寻求有利的支撑点。

挂：用脚尖或脚跟挂住岩石，维持身体平衡使身体移动。

踏：利用脚前部下踏较大的支点，减轻上肢的负担，移动身体。

• 三点固定法

三点固定法是攀岩的基本方法，攀登岩石峭壁时身体要自然放松，以 3 个支点稳定身体重心，而重心要随攀登动作的转换移动，这是攀岩能否稳定、平衡、省力的关键。要想身体放松就要根据岩壁陡缓程度，使身体和岩壁保持一定距离，靠得太近，会影响观察攀岩路线和选择支点。但在攀登人工岩壁时要贴得很近。在自然岩壁攀登时，上、下肢要协调舒展，盘眼要有节奏，上拉、下蹬要同时用力，身体重心一定要落在脚上，保持面向岩壁、三点固定支撑、直立于岩壁、三点固定支撑、直立于岩壁上的攀登姿势。

手臂的动作：手在攀登中是抓住支点、维持身体平衡的关键，手臂力量的大小直接影响攀登的质量和效果。因此，一个优秀的攀岩运动员必须有足够的指力、腕力和臂力。对初学者来说，在不善于充分利用下肢力量的情况下，手臂的动作就显得更为重要。手臂如何用力，在人工岩

壁攀登和自然岩壁攀登时情况不同，前者要求第一指关节用力抠紧支点的同时，手腕要紧张，手掌要贴在岩壁上，小臂也要随手掌紧贴岩壁而下垂，在引体时，手指（握点）有下压抬臂动作，其动作规律是，重心活动轨迹变化不大，节奏更为明显。但攀登自然岩壁时其动作就变化很大，要根据支点不同采用各种用力方法，如抓、握、挂、抠、扒、捏、拉、推、压、撑等。

脚的动作：一个优秀攀岩运动员的攀登技术发挥得好坏，关键是两腿的力量是否能充分利用。只靠手臂力量攀登不可能持久。脚的动作要领是，两腿外旋，大脚趾内侧贴近岩面，两腿微屈，以脚踩支点维持身体重心，在自然岩壁支点大小不一和方向不同的情况下，要灵活运用。但要切记，膝部不要接触岩石面，否则会影响到脚的支撑和身体平衡，甚至会造成滑脱而使膝部受伤。另外，在用脚踩支点时，切忌用力过猛，并要掌握用力的方向。

手脚配合：凡优秀攀岩运动员，上、下肢力量是协调运用的。对初学者或技术还不熟练的运动员来说，上肢力量显得更为重要，攀登时往往是上肢引体，下肢蹬压抬腿而移动身体。如果上肢力量差，攀登时就容易疲劳，表现为手臂无力、酸疼麻木，逐渐失去抓握能力。失去抓握能力后，即使有好的下肢力量，也难以继续维持身体平衡。所以学习攀岩，首先要练好上肢力量，上肢又要以手指和手腕、手臂力量为主，再配合以脚腕、脚趾以及腿部的力量，使身体重心随着用力方向的不同而协调地移动，手脚动作的配合也就自如了。

攀冰 >

攀冰由攀岩运动发展而来，是攀登高山、雪山的必修科目，更是登山运动的基本技能之一。目前攀的冰主要为自然冰，分为冰瀑和冰挂两种。攀冰是一项借助于装备、器械而进行的运动，要求装备质量高且经久耐用。

攀冰这项曾经被视为专业运动员才能从事的极限运动，由于近年众多方冰瀑、冰壁的开发，以及攀冰装备的不断进

步，已经变得容易入门，成为众多户外运动爱好者心仪的最新冬季时尚运动。以它独特的新酷装备、童话世界般的活动环境、刺激的身心感受，成为冰瀑上的芭蕾。20世纪70年代以前，冰壁攀登一直是登山探险中难以逾越的障碍，许多登山家就因为在攀登过程中遇到冰壁而功亏一篑。60年代

末欧洲一些登山者针对这一难题，根据多年积累的经验发明了小冰镐附带锯齿状镐头以及带坚硬前刺的冰爪。许多登山者使用这些改进的新装备到处寻找冰壁进行攀登，在他们攀登冰壁的同时进一步改进装备和技术，像美国的伊冯·乔内里、杰夫·洛、格里格·洛，已成为现代攀冰的代名词。现代攀冰技术被欧洲的登山家和到欧洲攀冰的美国登山家推向一个新的台阶，他们开创了许多非常困难的攀登路线，使得冰雪攀登技术越来越高。攀冰比赛在欧美也逐渐盛行起来。

• 运动装备

冰镐：在攀冰时支撑身体的主要工具，需要成对使用，其中一把的后端有锤，另一把的后端有冰铲，在握手处的尾端通常都有腕套，可以将冰镐套在手腕上，以防失手滑落。

冰锥：使用合金钢制成，呈空心螺旋状，固定在冰面上，用力旋转深入冰层。在冰面上起到固定主绳、保护安全的作用。

冰爪：同高山靴配套使用。分为8齿、12齿、16齿等。使用上分为卡式、捆绑式两种，卡式使用方便，尤其在外界条件突变或环境恶劣时，取出冰爪扣上高山靴

即可。捆绑式安全牢固、可靠。

头盔：攀冰时从冰壁上脱落或冰镐刨冰时，较大的冰块飞溅脱落而击中攀登者头部的事件是经常发生的，因此在攀冰时必须佩戴专用的头盔，以免撞伤或砸伤头部。

高山靴：高山靴是专为登山探险而研究制造的。它重量轻、强度大、保温性能出色。高山靴由强韧的塑料外壳、坚硬的鞋底和柔软保暖的保温内套组成，穿着舒适、安全可靠并经久耐用。其他的器材如安全带、绳索（防水）、上升器、下降器等与攀岩是一样的，此外还需要分指手套、登山服等保暖、防水、透气的服装。

• **运动技巧**

攀冰是种令人振奋的活动，结合了时时变化的攀爬对象和对你身心都是挑战的寒冷环境。攀岩的人如果去从事攀冰，会发现这两种活动有惊人的相似之处；登山者都是尽可能用双腿来支撑自己，从一个平衡点把身体重量转移到另一个平衡点；都是预先计画好几步，"用眼睛"先攀爬一遍。攀冰一如攀岩，都要利用地层表面的特色，寻找凹槽、山壁、突出地形供手和脚抓稳站稳，找平坦的地方敲入冰用工具。当然，两者之间的相异点也是同样的惊人。攀冰的人必须借助手攀工具和冰爪，学会如何利用可能确保装置和可能并不稳固的防护装置。他们攀爬的对象不但整天

都在变化，连整个季节都变化不已。

　　不穿冰爪攀登：攀登高山的人常常会碰到一小段冰地或是冻结的雪地。不穿冰爪穿越这些路段需要边爬边平衡，从一个平衡姿势把身体重量转移到另一个平衡姿势。每次平衡时，你的内脚（即前脚）要踏在外脚（后脚）的前上方，而为了减少肌肉的用力，你的后腿要尽量打直，以使大部分的重量都放在后腿的骨骼上。把冰镐握在前手上，当身体和双腿都平衡后才能向前挥移，而你的双腿必须在冰镐往前移之后才能移动。你在攀爬的同时，要留意冰地表面有没有不平处以作为踏足点。

　　砍冰阶：对最早期的高山攀登者来说，砍冰阶是攀登陡峭冰面和坚硬雪地时，唯一可用的技巧。冰爪发明之后，登山者不需用到砍冰阶技术，但是这种需求并没有全然被消除。登山者依然可能在未携带冰爪的情况下碰到冰地，或是冰地只有一小段路，不值得花时间去穿冰爪。另外当冰爪断裂、登山者受了伤或经验不够时，都成为采用砍冰阶的原因。而即使你穿着冰爪，或许也愿意用冰镐砍出一个小步阶以使脚步更稳固，或是当作一个可以休息的小平台。光是砍出一个舒适的平台，就足够成为你对这门技巧好好了解一番的理由。

　　利用冰镐的扁头砍出步阶的方法有两种。你可以以和地面几乎平行的动作挥砍，做出一个步阶来，或是以和冰面垂直的动作挖出一个有如小格洞的步阶。如果冰面较软，冰镐的鹤嘴在砍出步阶方面往往也有辅助之功：只要平顺一挥，切入雪面、冰面即可。砍步阶时，务必要把冰镐以腕带连接在手腕上，这样既有助于支撑出力的那只手，又可避免失手的时候把冰镐给丢了。

　　最常用的砍步阶技巧就是挥砍法，在和缓或稍有角度的斜坡上（最多30°角）上下挥动冰镐。如果你正在上山，先以平衡姿势站好，前手（朝山上的那只手）握住冰镐，以和前脚平行的方向将肩头挥离自己的身体。挥动冰镐时要从肩膀出力，用冰镐的扁头去砍冰，利用冰镐的重量做事。如果是较为坚硬的冰面，你就得用到较多的肌肉力量，或许还得双手并用。连续挥砍之后，把步阶上的冰清干净；从脚跟开始，直到脚趾处。用冰镐扁头把一堆堆的碎冰挖起铲掉，再用扁头和鹤嘴完成步阶。

　　一般的程序，是你以一个平衡姿势砍出两个步阶后，利用冰镐稳固自己，往上移动到另一个平衡姿势，再砍出两个步阶，就这么循环下去。冰镐绝对不要挥向自己

以免你的靴子滑掉。和缓的斜坡上，如果步阶只容得下你靴子的一小部分或许没什么关系，但是如果坡度较陡，步阶的空间就应该大得足以容纳你整只靴子。步阶的间距要便于你所有的队友利用。当你走完一连串斜走步阶准备改变方向时，要敲出一个容得下两只脚的地方让自己站稳，作为转弯以及换手握冰镐之用。

对于很容易产生摩擦的坚硬冰面，先以平行动作把冰镐鹤嘴砍进冰内，以确定步阶的底部位置，以免用扁头砍步阶时破坏了踏足点。如果你在鹤嘴砍入冰面内后，用力将冰镐往外拉，鹤嘴不会卡在冰里，反而会把冰削下来。

攀爬陡峭的直壁要用小格洞的步阶，各步阶的间距大约是双肩的宽度，都要很容易就踏得到。这些步阶既要当作手攀点，也要当作踏足点，因此每个步阶都要大得足够容纳前半部的靴子，并且要有个小凹口以利手攀。先挥砍出一个步阶，然后敲成你想要的深度，再用冰镐的扁头轻敲出一个凹口。

如果你下山时决定要砍步阶，最简单的方法就是砍出一条直直往下山走的阶梯

的身体，因为有时一个不小心，冰镐的扁头可能会被冰面弹回来而打到你的腿。如果是和缓的斜坡，通常登山者会敲出一条斜斜的步阶，不过如果是坡度中等的斜坡，由于平衡较为困难，就要敲出两条平行的斜走步阶。小格洞的步阶适用于更陡的斜坡。

每条斜走的步阶路都要稍微往内弯，

114

式步阶。如果你想一次砍出两阶，先以平衡姿势站定，面部朝斜坡下望，在你站立处的正下方连续砍出两个步阶，然后先踏出外脚（前面朝下的那只脚），再踏出内脚（后面的那只脚）。如果决定一次砍一阶，依然要以平衡姿势站定，先砍出外脚（朝下的那只脚）的步阶，往下踏出之后，接着砍内脚（后面的那只脚）的步阶，再踏出内脚。（登山者或许宁愿用绳索下山法悬吊下冰坡，而不用砍步阶的方式。）

在滑溜溜的冰面上砍步阶，既劳累又困难，而且往往是在高旷的地方，因此你的身体通常需要做好防护。紧急时刻运用砍步阶的技巧可能救你一命，而具备这种技巧的唯一方法就是常常花时间练习。

穿着冰爪攀登：攀冰的人通常会利用到两种基本技巧，视斜度的陡缓程度、冰面状况、技术能力以及自己信心高低而定。这两种技巧分别是法式技巧和德式技巧，而虽然各有各的优点，但现代的攀冰爱好者必须融合两种。换言之，在变化多端的高山环境中进行攀冰，法式、德式技巧你都必须熟习。

法式技巧（脚掌着地）：在攀登陡峭的冰地或坚硬雪地时，最简单也最有效率的方法就是法式技巧——如果你真的学会的话。良好的法式技巧不但需要平衡感、韵律感，同时在冰爪和冰镐的运用上要很有信心。

德式技巧（前爪攀登）：这种前爪攀登的技巧是由德国人和奥地利人针对攀爬阿尔卑斯山脉东侧较为坚硬的雪地和冰壁

而发明的。有经验的攀冰好手能够借由它登上最陡峻、最艰险的冰峰，而即使是一般的登山者，也可以利用这种技巧，很快就克服法式技巧很难或无法克服的路段。前爪攀登的动作和繁复的脚掌着地步法相反，简单明了而不复杂。它很像直攀雪坡的砍步步法，不过不是用你的靴子去踢进雪里，而是用冰爪的前爪踢入冰面，然后直接靠它站在上面。良好的前爪攀登动作和法式技巧一样，不但需要平衡感和韵律

117

感，而且要把身体的重量放在冰爪上。而无论是将冰爪尖踢入冰地、装置工具或是在冰面上攀爬，动作的敏捷都是很重要的。

现代技巧：现代的冰爪技巧是由法式技巧和德式技巧演进而来。和攀岩一样，你在攀登冰面时踏出的步伐必须敏捷而决断，这样才能维持平衡，减少疲劳。冰爪着地的步法通常适用于角度较低的斜坡以及容易踏入的地面，前爪的步法则在陡于45°角的坡度，以及非常坚硬的冰地上最为常用。事实上，大部分的登山者都是将这两种技巧融合运用，有人称作美式技巧。无论采用哪一种，最重要的就是在利用冰爪的时候要明快。在低缓或中度斜坡上练习，有助于培养你的技巧、信心，并且让你在更陡峭斜坡上的动作更敏捷。

无论采用德式技巧还是法式技巧，技术高超的攀冰者会和高明的攀岩者在攀登艰险岩块时一样，动作审慎周密。把冰爪的前爪踢入冰面时，务必要谨慎小心，身体重量从一脚换到另一脚时要明快、平顺。胆子大是高明冰爪技巧的必要条件，你目前置身何处且不去管它，心神要完全集中在爬上去的动作上。不过，大胆并不是盲目的蛮勇，它是经由时间和热诚而产生的，是在冰搭上、冻结溪谷的冰峰上，多次练习后所培养出来的信心和技巧，同时随着练习路段与困难度的增加而更趋成熟。

探洞 〉

探洞和攀岩、攀冰、速降、溪降这些单项的风险性技术运动一样，基本上都是从登山运动逐渐发展而来的，可划分为登山运动。探洞对技术要求比较高，在洞穴探险中要频繁使用单绳升降、攀岩、游泳、潜水、救援急救的技术，进入洞穴深部。探洞的对象包括自然形成的和人工开凿的洞。

户外探洞，对很多人来说还比较陌生。黑暗和丧失方向感是绝大多数人从未体验过的，黑暗、幽闭给人的紧张和恐惧远远大于人对洞穴本来奇形怪状风光的认识。

人要怎样克服自身对未认知世界的恐惧、现有感官在黑暗未知中所产生的种种不安？探洞正是这样一种极具挑战性的心理对抗战运动，它的魅力就在于你永远不知道你的下一步会看见什么，会发现什么，能满足你无限的想象，不断探索的欲望和好奇心。日常中的探洞一般可以分为两种：即水洞探险和干洞探险。水洞的探险指洞内有常年地下水流的岩溶洞穴。干洞是脱离了自由水面的化石洞，发育在地势较高的地方，发育的历史较长，洞内往往被各种多彩多姿的钟乳石所装饰。

• 入洞装备

探洞作为一项挑战性的运动，提供安全的装备是必不可少的。探洞的装备和登山攀岩的装备是共通的，但像探洞包之类的就是探洞所独有的。

探洞头盔：探洞一般都是对未知的洞进行探索，因此一个保护头部的头盔是最需要的装备，这和登山攀岩的头盔基本没

区别。

探洞头灯：未开发的洞穴基本都是黑暗的，没有光照，因此头灯类的照明工具就成了探洞的首要装备，其次为了保证安全，最好一人配备两三盏头灯或手电筒，防止头灯出故障。卤素灯和LED一并使用，短时间开启卤素灯。

安全带：如果是探垂直洞穴，那么安全带、上升器、绳索就是必备的探洞装备。安全带必须使用探洞专用安全带，其他登山及攀岩安全带禁用，上升器和绳索可与登山的共用。

脚踏带：可用直径5.5毫米的特种静力绳自制，也可选用专用产品，但切记不可使用有弹力的动力绳。

探洞服装：探洞与户外活动不一样，在探洞的时候经常要与石头洞壁发生摩擦，因此像户外的冲锋衣用于探洞就很不可取，首先很容易弄脏，其次几千元的冲锋衣很容易在摩擦的过程中磨破，因此一身耐磨的旧衣服就可以。

护膝护肘：因为遇到矮小的洞穴就要匍匐前进，这时护膝护肘就能起到关键的保护作用。

探洞包：多用PVC材料制成，耐磨且外表光滑。

上升器：探洞的上升器主要有手式上升器和胸式上升器。法国Petzl品牌的手式上升器是使用最广泛的手柄式上升器，舒适的手握柄，棘轮上有排泥装置，即使

在包满泥与冰的绳上使用也不会失效。

主绳：必须使用直径 9.5 毫米以上的静力绳。静力绳指延展性为 0 的绳（近似），用于探洞、高空作业、溯溪、SRT 等。静力绳为白绳。

• 迷路措施

1.设置路标。将反光器或荧光棒编号，以不同颜色和大小编号顺序放置各大小路口和支路上。

2.探洞最易在大厅迷路：进去容易出来难。当从一条狭窄通道进入宽敞的大厅时，一定要在入口处做好反光路标。3.如果迷路，第一件事就是停下来。镇定情绪，然后开始找出去的路。在已迷路的情况下，人的感觉往往是靠不住的，这时应抛弃一切感觉，用具体方法去解决问题。从迷路的地方开使做路标，然后一个方向一个方向地去尝试。要有耐心，要慢慢摸索。有一点要提醒的是，岩洞都由地下水冲蚀而成，河流冲刷的痕迹可判断出当年河流的走向。任何一个复杂的洞穴系统都是当年的一个地下河流系统。不论你在哪个支流里都可以顺流而下找到主河道，再从主河

道走向地表。实际上，专业探洞者是不做路标的，他们都会按水流冲刷的痕迹轻松走出复杂的洞穴系统。当然在找流迹时一定要判断出"河"是从洞里面流出，还是流进。

口哨信号：1.SOS：三声短（尖锐声），三声长，三声短。间隔1分钟重复；2.需要帮助：六声快速而连续的发声。间隔1分钟重复；3.已理解信号：三次快速而连续的声音。间隔1分钟重复；4.要返回：连续长声。

绝对大忌：灯具损坏；单独行动（或与同伴走散），这时唯一的办法就是等人，原地待救。摸黑只能带来伤害，而且绝对摸不出去。所以探洞要结伴进行。在洞内分散活动时，要二人一组，以免灯具损坏时孤立无援。另外，探洞前一定要给可靠的人交待时间、地点、方位和大致出洞时间，以备万一。探洞也要注意环保，尽量不要给神秘而美丽的溶洞留下太多污染。

• 探洞技能

下降

1. 下降器下降：下降者在腰部系好安全带，挂好铁锁，再将下降器和铁锁连接，左手握下降器，右手在胯后紧握从下降器穿绕出来的主绳。面向岩壁，两腿分开约成60°～80°角，登住崖壁，身体后倾，便可开始下降。如果是悬空状态，脚自然分开、悬垂，身体靠向绳子。

2. 单环结下降：这是一种在没有下降器的情况下，以铁锁和单环结的连接代替下降器下降的方法。这种下降方法和动作要领与下降器下降法相同。

3. 坐绳下降：这种方法是利用主绳与身体的直接摩擦而下降的。这种下降要特别注意动作的正确性，绳从身体前面两脚中间向后穿过，然后将绳沿右腿外侧绕至前面，经腹、胸、左肩至背后，拉至右侧，用右手将其握住，虎口朝上。左右手交替动作，不可同时松开。此方法适宜在缓坡、可以落脚的情况下采用。

4. 缘绳下降：在坡度近于90°时，可采用缘绳下降法。此方法简单易学，只要有一条主绳就可进行下降操作。在主绳在陡壁上方固定，余下的主绳扔至崖下，下降者在绳上打好抓结，另一端与腰部安全带上的铁锁连接。抓结到连接处的距离不能过长，也不能过短，以臂伸开能抓住抓结为限。下降者面向固

定点，两腿分开站到崖棱时一定要拉紧主绳，并握住抓结，方可开始下降。

攀升

1.双手式：利用左右手式上升器，每个上升器应自带绳梯，左手上升时通过绳梯带动左脚抬起，左手到位后，开始左手拉，左脚踩，使身体上升，左脚站稳后，开始右手的同样动作。通过左右依此动作来使身体向上攀升。

2.手式、胸式：手式的操作如上，胸式上升器固定在胸部，和安全带通过铁锁连接，随着身体一起运动。如果出现胸式无法上升的情况，首先应检查安装是否正确，正确后，用手拉动胸式下方的主绳，就可以正常动作。

3.手式、脚式：手式的操作如上，脚式的使用首先要安装正确，脚踝扣一定要扣紧，才可以顺利动作。由于手式多为右手，则脚式的自然为左脚。

4.使用安全绳攀升：用三根安全绳，分别接成绳环，最短的用与连接安全带，三根绳环分别按中、短、长的顺序，依此从下到上在绳上结普林斯克结，然后可按双手式进行攀升。此法简易，安全，但需要练习熟练。其他方法：在绳上间隔打结、结圈，可以实现短距离徒手攀升。

换绳过点：一根绳子在使用时，中间分布若干结点于膨胀钉上，要到达目的地，就必须通过这些结点。

1.下降过点：将下降器固定在绳上；用扁带把身体和膨胀钉上的铁锁挂接，把上升器安装在下降器的下方，二者在同一段绳上；再把下降器松开，等把身体重量交给扁带后，取下下降器安装在结点下段

125

的绳子上，重新固定；取下上升器，用手拉住一个结点上的铁锁，将扁带解下，慢慢再把身体重量交回给下降器开始下降。

2. 攀升过点：当攀升到结点时，先把扁带挂接到铁锁上；再将手式上升器安装到结点上段的绳子上；拉住手式上升器或铁锁，将胸式上升器解下，也安装到结点上段的绳子上；把身体重量交给扁带，调整好手式上升器，开始攀升；身体重量转

换后，取下扁带，继续上升，攀升过点完成。

辨向

首先要了解洞所在的外部地形，进洞后通过指南针、布绳，使用记号带等达到明确方向的目的。洞中辨向必须使用工具，而且最好是可回收的物品，颜色以白色为好。如化纤绳、记号带。切记不要使用油漆等污染物。在分洞处尤其要标记明确。

• 水质辨别

1. 颜色：应该是无色。若含有某些离子或含有较多悬浮物质和胶体物质时，便会有颜色。含硫化氢气体为翠绿色、含三氧化二铁为黄褐色或锈色、含腐殖酸为黑黄灰色。

2. 透明度：决定于水中所含盐类、悬浮物、有机质和胶体数量。

3. 嗅感和味感：取决于所含的气体成分和有机质。含硫化氢有臭鸡蛋味、含硫酸钠有涩味、含亚铁离子有铁腥味、含氯化钠有咸味、含氯化镁或硫酸镁的有苦味、含大量有机质的有甜味、二氧化碳多时清凉可口。水温在20℃～30℃时味感较明显。

古人的探洞《游褒禅山记》

　　褒禅山亦谓之华山，唐浮图慧褒始舍于其址，而卒葬之；以故其后名之曰"褒禅"。今所谓慧空禅院者，褒之庐冢也。距其院东五里，所谓华山洞者，以其乃华山之阳名之也。距洞百余步，有碑仆道，其文漫灭，独其为文犹可识曰"花山"。今言"华"如"华实"之"华"者，盖音谬也。

　　其下平旷，有泉侧出，而记游者甚众，所谓前洞也。由山以上五六里，有穴窈然，入之甚寒，问其深，则其好游者不能穷也，谓之后洞。余与四人拥火以入，入之愈深，其进愈难，而其见愈奇。有怠而欲出者，曰："不出，火且尽。"遂与之俱出。盖余所至，比好游者尚不能十一，然视其左右，来而记之者已少。盖其又深，则其至又加少矣。方是时，余之力尚足以入，火尚足以明也。既其出，则或咎其欲出者，而余亦悔其随之，而不得极夫游之乐也。

　　于是余有叹焉。古人之观于天地、山川、草木、虫鱼、鸟兽，往往有得，以其求思之深而无不在也。夫夷以近，则游者众；险以远，则至者少。而世之奇伟、瑰怪，非常之观，常在于险远，而人之所罕至焉，故非有志者不能至也。有志矣，不随以止也，然力不足者，亦不能至也。有志与力，而又不随以怠，至于幽暗昏惑而无物以相之，亦不能至也。然力足以至焉，于人为可讥，而在己为有悔；尽吾志也而不能至者，可以无悔矣，其孰能讥之乎？此予之所得也！

　　余于仆碑，又以悲夫古书之不存，后世之谬其传而莫能名者，何可胜道也哉！此所以学者不可以不深思而慎取之也。

　　四人者：庐陵萧君圭君玉，长乐王回深父，余弟安国平父、安上纯父。

　　至和元年七月某日，临川王某记。

版权所有　侵权必究

图书在版编目（CIP）数据

运动无极限／李应辉编著 . —长春：北方妇女儿
童出版社，2016.2（2021.3重印）
（科学奥妙无穷）
ISBN 978 - 7 -5385 -9731 -8

Ⅰ.①运…　Ⅱ.①李…　Ⅲ.①体育运动 – 青少年读物
Ⅳ.①G819 – 49

中国版本图书馆 CIP 数据核字（2016）第 007757 号

运动无极限
YUNDONG WUJIXIAN

出 版 人	刘　刚	
责任编辑	王天明　鲁　娜	
开　　本	700mm×1000mm　1/16	
印　　张	8	
字　　数	160 千字	
版　　次	2016 年 4 月第 1 版	
印　　次	2021 年 3 月第 3 次印刷	
印　　刷	汇昌印刷（天津）有限公司	
出　　版	北方妇女儿童出版社	
发　　行	北方妇女儿童出版社	
地　　址	长春市人民大街 5788 号	
电　　话	总编办：0431 – 81629600	

定　　价：29.80 元